目录

U0734471

第六章

舍得：让孩子具备利他共赢的领袖格局

第七章

择善：激发孩子的持久内驱力

第一章

最好的教养，就是养正孩子的『根』

子曰："弟子^①入则孝，出则弟^②，谨而信，泛爱众，而亲仁。行有余力，则以学文。"

【注释】

①弟子：年轻人，后生。　②弟：同"悌"，尊敬兄长。

【译文】

孔子说："年轻人在家孝敬父母，出门尊敬兄长，行事恪守于礼，说话信实守诺，能够博爱大众，并且主动亲近有仁德的人。竭力打好以上基础后若还有余力，则学习经典文献以明理求道。"

1.1 父母的难题：我该如何才能教养好孩子？

不知从什么时候开始，无论是影视作品，还是网络事件，或是现实生活中发生在我们身边的真实故事，都不约而同地传递着一个信息：现在做父母太难啦！成为父母之后，生活所出的题目的难度级别直接从以前的简单模式切换为困难模式。

◆ 我与老公平时工作忙，老人帮我们带孩子，但大家关于如何教养孩子的意见不一致，三个人恨不得有五种意见，家里每天都为孩子的大小事闹得鸡飞狗跳，我真的是筋疲力尽。

◆ 我是全职妈妈，孩子一直是我自己带。他小时候和我很亲，现在长大了，越来越不愿意主动跟我沟通，多问两句他就不耐烦。我很寒心，觉得自己很失败，不知道该怎么办。

◆ 现在有很多关于孩子抑郁、自残甚至自杀的新闻，让我看了很害怕。所以孩子一有情绪我就小心翼翼，生怕出什么问题。但我又觉得他这么情绪化是不好的，想管但又不敢管，也不知道应该怎么管，每天是又着急又担心。

◆ 我家孩子的人际交往能力很差：在家不尊重长辈、不遵守规矩；在学校喜欢跟同伴争吵；到需要公开说话或争取机会的场合，又不敢上场。我真的很担心他以后如何适应社会。

◆ 自从孩子上了小学，我就没有一天舒心的。他做作业拖拉磨蹭，每天写到很晚，早上又睡不醒，怎么也叫不起来；学校的事情经常一问三不知，自理能力特别差……我一周有两三天都要被老师找。现在看见老师发信息，我就心惊胆战。

◆ 我最讨厌的行为就是言而无信，可我的孩子偏偏就爱说话不算数，而且毫无愧疚之心。有时候犯了错，他表面上承认错误，但就是不改。为什么会这样呢？

◆ 我最担心的问题就是孩子才小小年纪，就表现出对什么事都不感兴趣，做什么事情都没有动力。如果非要说有感兴趣的事，那就是玩手机了。怎么才能让孩子燃起这个年龄该有的热情呢？

◆ 我的孩子看起来很聪明，不管跟谁在一起，无论什么话题，他都能参与其中，夸夸其谈，觉得自己什么都懂。但真要做起来，就是三分钟热度：订了计划，但不去努力实施；碰到困难就退缩，不敢挑战；有问题就敷衍过去，不愿意深入思考或者向别人请教。怎么才能让他变得踏实一些呢？

◆ 我想教育孩子懂得劳动和工作的价值，但每次让他做点什么，我都要时时刻刻在旁边监督，还得忍受他的抱怨，结果还不如自己做来得简单。为什么孩子就不能不需要提醒，自己料理好自己的事呢？

◆ …………

这些问题只是我们在做家庭教育的十几年当中经常被家长问到的诸多教育问题中的冰山一角。在我们协助父母"解题"的过程中，也曾进入过一个误区，就是给父母开"止疼药"：为了短暂地安抚父母的焦虑，将孩子的行为割裂为多个部分，头痛医头，脚痛医脚。但很多"招数"只能新鲜几天，过不了多久，问题行为改头换面后又卷土重来。**如果只是在孩子的行为层面去思考和做工作，那么所谓的"问题行为"会无穷无尽。**而且，如今外部环境变化如此之快，老问题没解决，新问题又冒出来，还"一浪高过一浪"。父母们不禁发出灵魂拷问：在这个时代，我们应该如何做父母？我们应该如何做才能教养好孩子？

1.2 源于《论语》的教养智慧：变化的世界，不变的根

鲁迅先生在 100 年前也曾问过"我们现在怎样做父亲"，因为他处在中国几千年以来社会变化最剧烈、断层最厉害、人们最迷茫的时代。当时，世界变化得实在太快，父母自己就糊里糊涂，吃不准什么才是对的、有意义的，自然也不知道该怎么教养孩子。100 年后的今天，信息量爆炸、物质更丰富了、技术更进步了、社会节奏更快了、文化交融更多了、价值观碰撞更剧烈了，人们的焦虑和迷茫也"几何级数"地增长了。对于父母来说，焦虑的核心是未来会发生什么改变，孩子需要被提前培养什么新能力才能适应未来的变化。

在"极简教养"体系中，我们跟父母一起探索的是更重要的问题：**"什么在未来将保持不变？哪些品质可以让孩子在充满不确定性因素的未来安之若素？"**如果对这两个问题有了答案，自然也就能回答"在这个时代，我们应该如何做父母，应该如何做才能教养好孩子"。

那么，我们应该到哪里去寻找"不变"？

近几十年来，伴随着西方心理学的蓬勃发展与欧美教育体系所取得的强势地位，很多中国家庭的教育方式都发生了很大的变化，即按照西方的教育技巧、技术来教养孩子。但是，结果往往

是越教越别扭，越养越焦虑。问题到底出在哪里？是那些技巧、技术不对、不好吗？非也。一方面，家长一味地追求新潮的、时髦的概念，对技巧、技术的关注甚至超过了对孩子本身的关注，教养也被割裂成了零件，不再是一个整体；另一方面，家长忽略了文化背景和家庭特征方面存在的中西方差异，毕竟，我们生活在中华文明这片文化土壤里，那些日用而不自知的中华文化已经渗透进了我们的骨髓、血液。俗话说："橘生淮南则为橘，生于淮北则为枳。"**生搬硬套西方的教育技巧、技术，不考虑中国的文化语境和生活环境，最后只会学成四不像。**

所以，还是要回到中国历史里去找"不变"。找到了"不变"，就是找到了我们立足于这个世界的根。找到根、养好根后，自然就不用担心结果。中国父母是幸运的，在我们延绵至今的中国历史中，古圣先贤留下了无数的线索和宝藏。《论语》可以说是"教会中国人做人的说明书"，涉及大量关于教育和做人的思考，其智慧历经千年，依然熠熠生辉。在过去近二十年里，我们和家长、孩子一起学习《论语》、践行《论语》，发现其中的**"入则孝，出则弟，谨而信，泛爱众，而亲仁。行有余力，则以学文"**就精准清晰地指明了教养的根在何处。循着这条路径，也许能让做好父母这件事变得简单和省力。

1.3 父母的省力之道：三分教，七分养

《周易》中说"君子以自强不息"，儒家信奉"行有不得，反求诸己"，个体心理学和积极心理学都强调"自我负责"，即这些流派都不约而同地认为，出现任何问题后，都要在自己身上找原因，从自己开始改变。所以，"父母如何才能教养好孩子"本质上与"父母如何才能做好自己"是同一个问题。父母认为自己应该如何度过这一生，直接影响着如何教养孩子。一般来说，我们可以把拥有不同教养观的父母分为 A、B 两组。

A 组父母认为"人生如战场"，这个时代就是竞争的时代，既然是战场，就要通过竞争、战斗来打败别人，以此获得战利品，体现自己的价值。他们信奉**"狩猎法则"**，所以，他们的教养行为就是培养孩子的竞争力和竞争性，努力教会孩子各种竞争技能，甚至无视孩子的年龄和承受力。

B 组父母认为"人生如种地"，需要播种、耕耘、浇水、施肥、除草、捉虫，等到合适的季节，自然会有收成。他们信奉**"农耕法则"**，所以，他们的教养行为就有更多的关心和耐心——观察孩子的特点，因材施教，悉心养护，以一种踏实的"园丁心态"来守护孩子的成长。

人生如战场

人生如种地

这两种教养观中，你更倾向于哪一种？在"极简教养"体系中，我们推崇"农耕法则"，也据此提出了**"三分教，七分养"**的理念。那么，教和养有什么不同呢？

"教"着重在行为层面上花力气，而"养"则着重在内在根性方面下功夫。

"教"更看重用各种育儿话术、工具、技巧等外在力量，使孩子的问题行为在短期内得到暂时性解决；而"养"则是通过全面的观察，找到问题的根源，改善孩子的内在环境，激发孩子的本善和潜能，全面提升生命能量。

"教"关注"行"，往往事倍功半；而"养"关注"心"，常常事半功倍。

教养教养，当然既要教也要养，既要练招数也要修内功，其关键是如何分配精力。我们主张**父母应该把更多的精力放在孩子德行的培养上。德行通常不易为人所见，但正如一棵大树，当父母养护它赖以生存的根部的时候，其实已经能隐约见到果实了。**

应该"教"些什么很容易理解，那么应该"养"些什么呢？

《论语》认为，应该养"仁"。培养人的"仁性"是《论语》的核心教育宗旨。**仁，是发自内心的爱，是心中的一份真情厚意。**

仁是对天地的爱，有仁性的人会顺应天地的规律和节奏，比如根据一年四季和一日晨昏的变换来安排生活，与大自然实现"天人合一"，顺应趋势。

仁是对他人的爱，有仁性的人会有很强的感知他人、与人融合的能力，与人合作、双赢更是不在话下，而且能够大大方方、明明白白地表达自己的好恶，内心光明，没有内耗，人生自在。

仁更是对自己的爱，有仁性的人会了解自己、接纳自己、信任自己、追求更好的自己，最终绽放自己。

放到家庭教育中，应该如何养出孩子的"仁"呢？孔子其实明确指出了养"仁"的路径和计划，即**"入则孝，出则弟，谨而**

信，泛爱众，而亲仁。行有余力，则以学文"，将"仁"具体落实到孝、悌、谨、信、爱众、亲仁、力行和学文八个德目上，依次练习并实践它们，就可以滋养孩子的内在仁性了。

1.4 化繁为简：八个正面态度，解决 80% 的教养问题

在"极简教养"体系中，我们基于八个德目，提炼出更便于父母和孩子理解、践行的八个正面态度，即**感恩、尊序、持敬、求诚、舍得、择善、历事、明理**。你不妨先通过下面两份评估问

卷，简单了解这八个正面态度，也借此梳理自己和孩子的现状，便于后续更加有的放矢地学习。

儿童八个正面态度观察评估问卷

序号	题目	非常不符合	比较不符合	不确定／未观察	比较符合	非常符合
	感恩			平均分：_____		
1	他对自己拥有的很满足，会主动对别人表达感激	1	2	3	4	5
2	他遇到不如意的事情，能很快调整情绪，看到事情积极的一面，很少抱怨或责怪别人	1	2	3	4	5
3	他会主动关心父母，总想为父母做些什么，常常用各种方式表达对父母、其他亲人的爱	1	2	3	4	5
4	他每天总能发现很多生活中有趣的事与友善的人，经常谈论别人的优点	1	2	3	4	5
	尊序			平均分：_____		
1	对待长辈既有礼貌又谦虚，即使与长辈的意见不同，也会友好、平静地沟通	1	2	3	4	5
2	他很合群，跟同伴在一起时很少争吵，即使玩得很开心也知道分寸和界限	1	2	3	4	5
3	他对自己的物品能够管理得很好，把桌面、衣柜等收拾得井井有条	1	2	3	4	5

序号	题目	非常不符合	比较不符合	不确定/未观察	比较符合	非常符合
4	他的生活作息有规律，做事情有规划、章法，懂得循序渐进、不急不躁	1	2	3	4	5
	持敬			平均分：_____		
1	他在需要保持安静、专注与慢节奏的任务或活动中表现得很好	1	2	3	4	5
2	他做事冷静并且有耐心	1	2	3	4	5
3	大多数时候，他的情绪都很稳定，不会躁动不安或变化无常	1	2	3	4	5
4	他的身体控制能力很强，不管是在写字、做手工这种需要做事细致的活动中，还是在跑、跳、攀、爬等各种运动中，都有不错的表现	1	2	3	4	5
	求诚			平均分：_____		
1	对于自己不明白的地方，他勇于提出问题，不会不懂装懂	1	2	3	4	5
2	他是一个很有原则的人，不会迫于人际压力或诱惑而去做自己认为不对、不好的事情	1	2	3	4	5
3	对于答应别人的事，他会努力地说到做到、信守诺言	1	2	3	4	5
4	他做错事情时会主动承担责任，并且积极地弥补过失并改正	1	2	3	4	5

序号	题目	非常不符合	比较不符合	不确定/未观察	比较符合	非常符合
舍得				平均分：_____		
1	他乐于分享，愿意帮助别人	1	2	3	4	5
2	他待人宽容，愿意原谅别人	1	2	3	4	5
3	他对于别人的需求很敏感，能换位思考从而去理解别人，有同理心	1	2	3	4	5
4	他善于看到别人身上的优秀之处，愿意称赞、夸奖别人	1	2	3	4	5
择善				平均分：_____		
1	他会选择内容积极的书、电影等，不会沉迷于低俗的内容	1	2	3	4	5
2	他善于从身边的老师、朋友身上学习他们的优点	1	2	3	4	5
3	他有自己的榜样，从小就有远大志向	1	2	3	4	5
4	他有自己的目标，并且有较强的内驱力去达成目标	1	2	3	4	5
历事				平均分：_____		
1	他很自信，相信自己有能力去完成各种任务	1	2	3	4	5
2	他遇到困难时，总是积极地想办法，坚持不懈	1	2	3	4	5
3	他乐于接受各种新事物，愿意挑战一些以前没有做过的事	1	2	3	4	5

序号	题目	非常不符合	比较不符合	不确定/未观察	比较符合	非常符合
4	他定下目标之后，会积极主动地采取行动并一步一步地去实行，不会轻言放弃	1	2	3	4	5
明理					平均分：_____	
1	他喜欢阅读，并且能提出自己的见解和疑问	1	2	3	4	5
2	他善于听取别人的意见并接受新的想法	1	2	3	4	5
3	他有较好的判断力，知道哪些事情能做，哪些事情不能做，并作出正确的选择	1	2	3	4	5
4	他有强烈的好奇心，有探索精神和求知欲望，会主动研究问题或请教别人，直到解决问题	1	2	3	4	5

现在，请你分别计算出孩子每一个正面态度的平均得分，将分数标注到下图中，然后将各个分数用线段连接起来，最终得到的图形就代表了孩子的八个正面态度的整体情况。

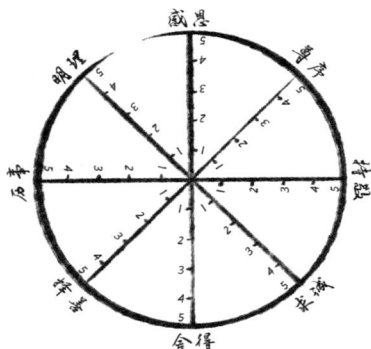

父母八个正面态度自我评估问卷

序号	题目	非常不符合	比较不符合	不确定/未观察	比较符合	非常符合
	感恩			平均分：_____		
1	我对自己现在拥有的一切很满意，会主动对家人、朋友表达爱	1	2	3	4	5
2	我在工作或生活中不如意时，能很快调整情绪，看到事情的积极一面，很少抱怨或责怪他人	1	2	3	4	5
3	即使我不赞同父母的某些观点或行为，也不会立即反驳或横加指责，而会站在他们的角度和立场去理解	1	2	3	4	5
4	我每天总能发现很多生活中有趣的事与友善的人，经常谈论别人的好。别人对我的帮助，我都会记在心里，并会找合适的时机回报	1	2	3	4	5
	尊序			平均分：_____		
1	我很善于处理与上下级和同事的关系，与他们都能沟通得很顺利，他们也都信任我	1	2	3	4	5
2	我尊重家里的长辈、单位的领导、各个领域的老师，遇到事情时愿意向他们请教，听取他们的建议	1	2	3	4	5
3	我对生活、工作、家庭都有清晰的规划并安排得井井有条	1	2	3	4	5

序号	题目	非常不符合	比较不符合	不确定/未观察	比较符合	非常符合
4	我与家人和朋友都相处得很好，这些人际关系很滋养我	1	2	3	4	5
持敬				平均分：_____		
1	需要的时候，我很容易保持专注，能够长时间持续地做一件事，并时常进入"心流"状态	1	2	3	4	5
2	我做事冷静并且有耐心	1	2	3	4	5
3	大多数时候，我的情绪都很稳定，不会轻易躁动不安	1	2	3	4	5
4	我会有意识地观察自己的身体姿态、穿着、言行等	1	2	3	4	5
求诚				平均分：_____		
1	我待人真诚，说话中肯，别人愿意信任我	1	2	3	4	5
2	我做事有原则，言行一致，很少内耗	1	2	3	4	5
3	对于答应别人的事，我会努力地说到做到、信守诺言，是大家心中靠谱的人	1	2	3	4	5
4	我会主动为自己的失误承担责任，并且积极地弥补过失并改正	1	2	3	4	5
舍得				平均分：_____		
1	我乐于分享，愿意帮助别人，有社会责任感	1	2	3	4	5

序号	题目	非常不符合	比较不符合	不确定/未观察	比较符合	非常符合
2	我在工作中有很高的包容度，不会斤斤计较，能够大方地与合作者共享利益	1	2	3	4	5
3	我对家人的需求很敏感，能换位思考，理解、支持他们	1	2	3	4	5
4	我善于看到别人身上的优秀之处，愿意称赞、夸奖别人	1	2	3	4	5
择善				平均分：_____		
1	我喜欢经典的书、电影、音乐、戏剧、书画作品等，能有意识地提升自己的修养	1	2	3	4	5
2	我喜欢亲近身边有智慧的人，并且善于从老师、朋友身上学习他们的优点	1	2	3	4	5
3	我有自己的人生目标和志向，并会持之以恒	1	2	3	4	5
4	我一直保持着阅读、学习、锻炼身体等好习惯	1	2	3	4	5
历事				平均分：_____		
1	我很自信，相信自己有能力去面对任何事情	1	2	3	4	5
2	我勇于尝试，敢于挑战，遇到困难时会积极地想办法，不会轻言放弃，并且把挫折都看作对自己的锻炼	1	2	3	4	5

序号	题目	非常不符合	比较不符合	不确定/未观察	比较符合	非常符合
3	我一旦决定了做某件事,会马上行动	1	2	3	4	5
4	我对学到的任何理论、道理,都会先踏踏实实地去实践,再反思和改进	1	2	3	4	5
明理					平均分:_____	
1	我喜欢学习,并且能提出自己的见解、思考和疑问	1	2	3	4	5
2	我善于听取别人的意见与接受新的想法	1	2	3	4	5
3	我有良好的判断力,能够透过事情的表象看到本质,并作出正确的抉择	1	2	3	4	5
4	我有自知之明,做事有边界感,不固执,心态包容、开放	1	2	3	4	5

现在,请你分别计算出自己每一个正面态度的平均得分,将分数标注到下图中,然后将各个分数用线段连接起来,最终得到的图形就代表了你的八个正面态度的整体情况。

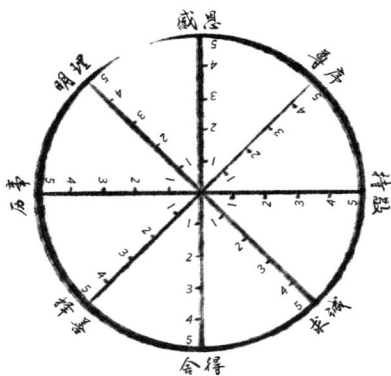

将孩子和你的两个图形放在一起观察后，你有没有什么发现或疑问？如果有，你可以带着问题在后续的章节中去寻找答案。

要注意的是，这八个正面态度并非各自为战，而是一个具有连续性和整体性的系统。孩子幼年时的成长依赖于家庭，仁性的唤醒和养护都来自与家人的关系。而后，随着孩子自我意识的觉醒，他们会在对自我的管理和坚守中感知和加强内在仁性的力量。之后，孩子开始向外探索，在人际关系中重新体验和思考仁性，直到在实践中领悟，实现自我绽放。

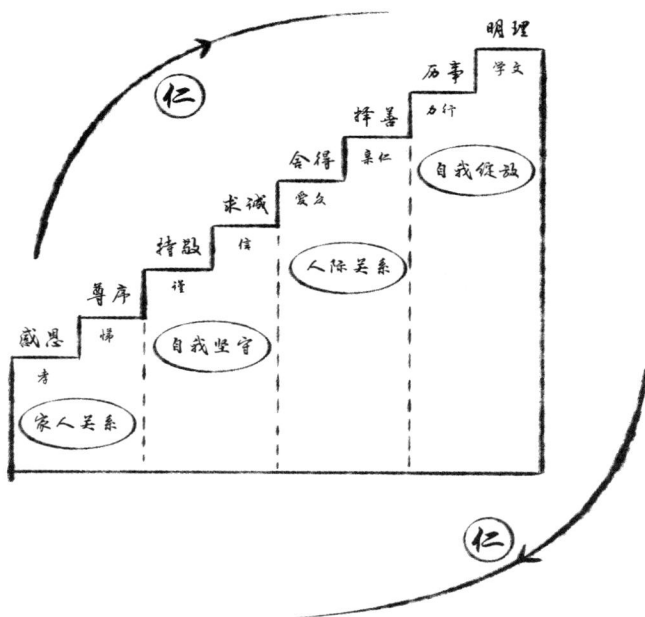

"极简教养"体系模型图

在以下各章中，我们将按照"极简教养"体系模型图，逐一阐述每个正面态度的深层含义，具体应该如何养成，以及养成后会给孩子、家庭带来怎样的提升。中国传统文化的智慧就是化繁为简，一旦养好了这八个正面态度，大部分困扰你的教养难题都会迎刃而解，你将会走上一条正确教养孩子的康庄大道！

第二章

感恩：让孩子更幸福的终极密码

君子务本①，本立而道生②。

孝弟也者，其为仁之本与！

——《论语·学而》

【注释】

①务本：务，专心致力于；本，根本。②道：此处指仁道。

【译文】

有德行的人，专心致力于根本的事务。根本的事务立住了，仁道自然就有了。因此，孝敬父母、尊敬兄长，这就是仁的根本啊！

2.1 别让烦怨成为孩子追寻幸福的绊脚石

假如你只能为孩子的一生送上一个祝福，你会送什么？

超过九成的家长的答案想必都是——幸福。

哈佛大学的教授泰勒·本-沙哈尔在他那门风靡全球的"哈佛大学公开课：幸福课"中提出，幸福是一个需要长期追求的过程。幸福是一种能力，而不是一个终点。父母仅仅祝福孩子幸福是不够的，更重要的是让他拥有追寻和创造幸福的能力，而阻碍孩子拥有幸福的最大绊脚石就是"烦怨"。

烦怨长什么样？

我在网络平台上看到过这样的视频片段：

在商场中卖玩具的柜台前，一个四五岁的孩子哭闹着要买一个新玩具，抱着妈妈的腿在地上打滚，而妈妈一边呵斥一边拽着孩子的衣领；

一家人坐在一起吃饭，不知道家长说了什么，一个小学生愤怒地站起来把碗掀翻在桌上，然后扬长而去；

一个初二的女孩坐在床边，声嘶力竭地对着父母哭喊着："都怪你们！""我恨你们！"；

孩子想玩手机，奶奶不给，孩子就冲过去对奶奶拳打脚踢；

…………

暂且不论事情的是非曲直，只是看到这些画面，隔着屏幕，都能强烈地感觉到孩子和养育者双方的烦怨。北京一家机构对3000多名中学生进行的心理状况调查显示，在"你对父母的态度"一项里，**有 56.28% 的孩子**选择了**"极度反感或痛恨父母"**。在这样相互烦怨的关系中，又怎么可能发展出追寻和创造幸福的能力呢？

　　即使孩子的行为还没有发展到这样极端的程度，我们也可以从孩子对人、对事的行为态度里看出烦怨的端倪，比如：他们喜欢说长辈、老师、同伴的各种不好；遇到什么不顺心的事，都会怪到别人身上；哪怕做一件很小的事（比如吃饭、睡觉、读书、写作业），也很容易情绪不好，嘟嘟囔囔，有诸多抱怨。也许你觉得这些只是小孩子任性的表现，随着他们年龄的增长自然会好。其实不然。你想想自己身边有没有这样的成年人？他们常常表现得自私自利，以自我为中心，希望别人多为自己付出、为自己的情绪负责，一出问题就说"都是别人造成的"，只想索取而不思回报……

　　烦怨是一种极具"腐蚀性"的心态，如果孩子从小被这样的心态影响，就如同背着"烦怨垃圾袋"成长，走到哪里都散发出消极的气味。最可怕的是，他们不自知，而父母可能"久而不闻其臭"，可是别人会避而远之。在这种心态下，孩子很可能走向幸福的反方向。

别让孩子背上"烦怨垃圾袋"

烦怨是如何形成的?

在"极简教养"父母训练营里,常常有父母感到疑惑:"现在的孩子的生活条件这么好,物质上要什么有什么,情绪上也是一家人都照顾着。比起我们小时候,他们幸福多了,怎么反而更容易烦怨呢?"

中国有句老话:喝酒三分醉,吃饭七分饱,做人八分刚刚好。喝酒十分醉,吃饭十分饱,长此以往,是给身体惹祸。而总是追求心中十分的满足,往往就是心祸的源泉,也就易心生烦怨。

美国心理学家沃勒斯·华莱士的著作《父母手记:教育好孩子的101种方法》记录了这样一个故事:

冬天的一个晚上,妈妈带着3岁的皮鲁去朋友家串门。回到家里后,皮鲁突然发现一直攥在手里的糖果不见了。那颗糖果是妈妈的朋友给的,他家没有这样的糖果。于是,皮鲁着急得哭了起来。爷爷、奶奶、爸爸、妈妈都来安慰他,并承诺第二天给他买他最喜欢的玩具。但是，皮鲁没有妥协："我要！我要！我一定要！"皮鲁打着滚哭闹，爷爷、奶奶、爸爸、妈妈看得实在心疼，便带上照明工具，"倾巢"出动，沿着回来的路进行"拉网式"搜寻。眼看到了午夜12时，糖果还是没有找到，妈妈看到因绝望而哭得死去活来的孩子，终于硬着头皮敲响了朋友家的门……

现在很多孩子在家庭中的地位高人一等，处处被特殊照顾，一切好吃的、好穿的、好用的、好看的都先紧着孩子，让他一个人享用；一家人围着孩子打转，孩子要什么就给什么，哪怕超出父母的能力范围也要想方设法满足……日积月累，便让孩子产生一种错觉：这个世界是以我为中心的，所有的事情都要顺着我的意愿来，我拥有的一切都是理所当然的。

可是，总有一天，你会发现有的事情不能顺着他了或者你做不到了。正如网友所说，帮一个16个月大的蹒跚学步的孩子拿一个10米外的球，对于父母而言是再简单不过的事，但帮一个16岁的孩子交友、学习，却是很难做到的事。到了那一天，孩子心里可能就会产生烦怨：

你竟然不能如我愿？

你竟然不听从我的？

你竟然不能以我为中心？

你竟然让我吃了亏？

你竟然与我争东西？

我竟然得不到你的信任？

随着烦怨而来的是孩子内心的焦虑、痛苦、恐惧，甚至崩溃。孩子的烦怨不过是其内在状态的外显，如何才能从一开始就减少孩子心中的烦怨呢？

2.2 增长感恩心，对治烦怨相

多播种感恩则少生烦怨

中国的古圣先贤看到了烦怨对人的危害，所以提出了特别智慧的解决方案——长善救失。

如果一片田地里长满了杂草，怎么办？第一种办法是除草，可是过一段时间杂草又会长出来；第二种办法是除草之后在田里种庄稼，你要研究庄稼的习性，精心照料它，庄稼长起来后杂草就少了。杂草就是烦怨以及它背后的私心，而庄稼就是感恩以及它背后的利他心。

当孩子心存感恩时，就很难同时感受到嫉妒、愤怒、仇恨等负面情感。会感恩的孩子身上总是洋溢着让人心生亲近的气息——阳光、温暖、贴心。他们很少会心生烦怨，对自己拥有的一切会珍惜并感到知足。他们能更好地应对生活的压力，即使在困境中也能发现美好。他们身上充满了爱，还会主动地把这份爱分享出去。别人因此愿意亲近他们，他们也因此拥有很多亲爱的伙伴，进而又会得到别人更多的帮助。

一个孩子懂得爱、会爱，就拥有了"亲爱力"。这既是一种能力，也是成长过程中最重要的心灵能量和幸福之源。父母若希望孩子幸福，就要让他拥有感恩心和亲爱力。

感恩 ≠ 说谢谢

当今社会，到处都在说感恩。感恩对于大多数人来说可能只是一种社交礼貌——对别人的恩惠表示感谢。但在中国的文化中，"感恩"还有更深层的含义。

"恩"字在甲骨文中是一个会意字——上面的"因"表示一个人摊开手脚躺在一张草席上，其本义是依靠。"因"与"心"结合在一起后形成的"恩"字则表示心中有依靠，从而有美好的现状，心中感到满足。

"恩"的甲骨文

所以在"极简教养"体系中，感恩意味着**对"心中满足来自何处"的回答和回报**。

有些人觉得心中的满足全部来自自己的奋斗、运气、外表、能力等，而另一些人会觉得心中的这份满足很大一部分来自别人、大自然或者时代，而对心中的满足来自何处的回答就会造成感恩心的强弱差别。如果你的回答是心中的满足全部来自你自己，那你只会回报自己；但是如果你的回答是心中的满足一部分来自别人和外部世界，那你就会回报别人和外部世界。

当代情感哲学家罗伯特·所罗门说："感恩总促使我们认识到我们没有一个人是完全独立的，都需要他人的帮助。"感恩能够不断加深我们与他人以及世界的链接，能催发利他心，促进整个社会的和谐。

感恩的三个层次

在我们的"极简教养"体系中，感恩包含了三个层次，即知恩、感恩和报恩。

知恩，就是能觉察到别人对我们的好，即带着孩子学习觉察每一份"满足"的来源。感恩，就是提升"感通"能力，让孩子充分感受别人带给自己"满足"时内心的积极情绪。当他觉察和感受到这些"满足"后，才能升起报恩的念头并采取行动。

我们通过一个小例子来理解一下感恩的三个层次。

刚上幼儿园中班的豆豆跟妈妈到小区门口的便利店买棒棒糖，便利店老板看到踮着脚尖在柜台前付钱的豆豆说："宝贝真能干，来，我再送你一颗糖果。"

这时，豆豆妈妈说："宝贝，你只买了一个棒棒糖，但叔叔因为觉得你能干，所以多给你了一颗糖，你发现了吗？"（知恩）

"你现在得到了两颗糖果，感觉怎么样呀？""很开心！"（感恩）

"那要不要谢谢叔叔？""谢谢叔叔，您送我糖果，我太开心啦！"（报恩）

感恩是我们发现和欣然接受美好，并主动回馈、传播和创造美好，在一来一回中建立与他人、与世界互惠互益的美好关系的一种行为。感恩绝不是一碗鸡汤，而是真的可以治愈内心、让孩子更幸福的良方。

在"极简教养"父母训练营里，我们会提供四个维度的方法，来帮助亲子在日常生活中习得感恩态度。

习得感恩态度的四个维度

2.3 感恩先学"感"：一个小方法，让幸福来敲门

很多孩子不会感恩是因为他们的"感觉通道"被阻塞了——对美好视而不见、听而不闻。要习得感恩态度，首先要帮助孩子"疏通感官"，让其对美好的人和事物变得敏感。下面介绍一个可以增强孩子感通能力的小方法，每天花 10 分钟就能完成。

这个方法有难易程度不同的两个版本，简单的版本又叫作

"快乐游戏"，适合幼儿园阶段还不会写字的孩子；进阶的版本叫作"记《小小幸福日记》"，适合学龄阶段的孩子使用。

轻松学会玩"快乐游戏"

每天可以找一个固定时间，让你和孩子尽可能多地说出一天中让自己感到快乐的事情，用类似"**我今天……，很开心**"的句式接龙，比比谁说得更多。例如：

孩子：奶奶今天给我买了棒棒糖吃，我很开心。

妈妈：我今天吃到了水蜜桃，很开心。

孩子：我今天下楼跟小朋友玩，很开心。

妈妈：今天陪宝宝下楼玩，我也很开心。

孩子：我今天在幼儿园玩游戏，很开心。

妈妈：爸爸今天结束出差回家了，我很开心。

孩子：我今天学会了画小鱼，很开心。

妈妈：今天宝宝把自己画的小鱼送给妈妈，我很开心。

我特别推荐把这个活动作为每晚的睡前仪式。请你想象一下，你关了灯，和孩子躺在床上，回忆着一天美好快乐的点点滴滴，感受到爱在分享中尽情流动，然后带着这么多快乐进入梦乡。这是一件多么幸福的事情啊！

养成每天记《小小幸福日记》的习惯

如果孩子已经上了小学，可以自己书写了，你们就可以把"快乐游戏"升级为"记《小小幸福日记》"：每天在睡前写下最少三件让你们今天感觉到开心、幸福、欣慰、愉悦、自信、有力量等正面情绪的事情，记录的事情可大可小，你们可以用下面示范的句式：**我今天很……（积极情绪）+因为……（具体事件）**。

家长版示例：

我今天很**满足**，因为回母校旁边的小巷子吃了一碗十年来念念不忘的面条。

我今天很**畅快**，因为见到了很久不见的老友，我们无话不谈，聊了一个下午。

我今天很**平静**，因为所有的事情都在计划内。

我今天很**兴奋**，因为接到了一个有些挑战但有趣的工作任务。

我今天很**欣慰**，因为孩子跟我分享了好多学校里的趣事。

孩子版示例：

我今天很**开心**，因为读了《父与子》这本漫画。

我今天很**感动**，因为上体育课时不小心摔了一跤，班里的好几个同学都来关心我，还有两个同学扶着我去了医务室。

我今天很**期待**，因为明天就可以去春游了。

写《小小幸福日记》时有四个注意事项：

1. 每天至少要记三件事情。

2. 建议你和孩子准备一个专门的小本子，用纸笔来写《小小幸福日记》而不是用手机或电脑。因为手写的过程速度慢，可以让我们和积极情绪相处得更久，有利于增强感通能力。

3. 不要为了完成任务去记录。一定是先有积极的情绪体验，再记录当时发生的事情。如果你每天都去写《小小幸福日记》，可能会有一些事情重复发生。这没有关系，重点是每一次写这个重复发生的事情之前都要去回顾一下当时的情绪体验，保持新鲜感。

4. 前面的示例里面用了很多与情绪有关的词，而对情绪的觉察和分辨越丰富，感通能力就越强。如果你和孩子的"情绪词典"里的积极情绪词的数量暂时还不够丰富，我整理了一份积极情绪词的清单给你们作为参考（见下表），你和孩子可以慢慢地在生活中去寻找和捕捉这些积极情绪产生的时刻，并把相应的事情记录下来。

积极情绪词

1	高兴	2	开心	3	快乐	4	庆幸	5	舒畅
6	舒服	7	畅快	8	甜蜜	9	愉快	10	入迷
11	自信	12	喜悦	13	自豪	14	好奇	15	佩服
16	仰慕	17	赞赏	18	感动	19	怀念	20	幸福
21	期待	22	欣慰	23	安心	24	安慰	25	放心
26	平静	27	轻松	28	踏实	29	坦然	30	鼓舞
31	激动	32	兴奋	33	振奋	34	放松	35	解气
36	欢快	37	舒心	38	惬意	39	闲适	40	自在
41	怡然自得	42	心旷神怡	43	受宠若惊	44	心安理得	45	扬眉吐气
46	心悦诚服	47	泰然自若	48	如释重负	49	心花怒放	50	喜出望外

2.4　建立感恩思维：常说两个词就能做到

生活中不会总发生让人开心快乐的事情，遇到不愉快的事情时恰恰是建立孩子感恩思维的好时机，能够帮助他发现糟糕的事情背后好的一面。

美国前总统罗斯福有一次家里失窃，被偷了很多东西。他的一个朋友听说后写信安慰他，而罗斯福回了这样一封信："亲爱的朋友，谢谢你来信安慰我，我现在很好。因为，第一，贼偷去的是我的东西，**还好**没有伤害我的性命；第二，贼只偷去了我部分的东西，**还好**不是全部；第三，最值得庆幸的是，做贼的是他，**还好**不是我。"

东西被盗本来是一件糟糕的事情，但是罗斯福能在其中找到值得感恩的理由，这就是一种重要的思维转换的能力。拥有感恩思维的人不容易钻牛角尖，心中不别扭、不烦怨。那么，我们怎么才能让孩子建立感恩思维呢？

一个特别简单的小技巧，就是多用**"至少"**和**"还好"**两个词。

首先，父母多把这两个词用在自己身上，转换自己的思维。

4岁的熙熙，由于爸妈都要上班，平时都是外公外婆帮忙照顾。老人和年轻父母的教育方式难免有很多不同，熙熙妈妈经常抱怨老人的教育方式不恰当，劝说他们时也不听，家里经常会为此争吵，结果大家情绪都非常不好。于是，我就建议熙熙妈妈，既然家中的现状一时难以改变，不妨先换换思维。于是，她试着这样转换自己的思维："我们和老人的教育方式不一致，但至少都是出于对孩子的爱""虽然对待孩子的方式不同，但至少我们按自己的方式教育孩子时老人也没有插手"。这样一来，她觉得情绪平和了很多，不再天天抱怨老人，跟老人的关系也逐渐变得融洽。

其次，父母多把这两个词用在与孩子的对话中，给孩子做示范。

我们来做两个小练习，看看在以下两个场景中怎么运用这两个词来帮助孩子建立感恩思维。

场景一：孩子自己倒果汁喝，不小心洒得身上、地上到处都是。

烦怨表达："哎呀，你怎么这么不小心！这么点儿小事都做不好，搞得到处都是！"

感恩思维："哎呀，果汁洒了，**还好**今天没拖地。"

场景二：你下班回到家，发现孩子的作业只完成了一两项，还有好几项没完成。

烦怨表达："你每天就知道玩，这么大了，一点儿都不自觉！"

感恩思维："今天作业不少，**至少**你已经自己完成一两项了，其他的你也可以自己完成。"

烦怨表达让孩子一听就觉得被指责了，下意识就想要跟你对抗，而转换成感恩思维后再表达，你和孩子都会平静很多。

神经语言学的研究表明，自我对话的语言可以反过来影响大脑。如果我们一直保持感恩思维，久而久之，我们就习惯性地看到事情好的一面。不管是我们自己还是孩子，如果都习惯这样看待问题，是不是自然就减少了烦怨，多了对幸福的感知？

2.5 练就吸恩体质：找到"太阳品质"，让孩子身边 "贵人"环绕

一对老夫妻一起生活六七十年了，人们都羡慕他们这么多年还如此幸福。于是就有年轻人去问老太太："老爷爷是不是特别优秀，对你特别好呀？"老太太笑着说："哪有那么好，他一身缺点，就像天上的星星那么多。"年轻人听后很惊讶："那你们这一辈子是怎么过来的？"老太太回答："我家老头子就只有一个优点，但这个优点在我眼里就像太阳那么大，太阳出来的时候，星星就都看不见了。"

如果我们能够教会孩子拥有这样一种能力，在重要的人际关系中都能够找到对方的**"太阳品质"**，并且放大这个"太阳品质"，那么对于孩子来说，是不是就意味着身边都是闪闪发光的温暖的"贵人"呢？

寻找别人身上的"太阳品质"的过程可以分为三步，父母可以先自己练习，再试着找找爱人、孩子、父母、领导和同事身上的"太阳品质"。

第一步：找到一个或多个恰当地描述对方优秀品质的词。

第二步：尽可能多地找到体现这个（些）优秀品质的证据并经常增加和更新证据。

第三步：反思这个（些）优秀品质为自己带来了什么积极的

影响。

我们可以用下面这个表格来寻找并记录某个人的"太阳品质"。

寻找"太阳品质"

丈夫 的 "太阳品质"	证据	给我带来的好处
细心	1. 会把老师发在群里的重要消息一条一条地摘录到一个文档里并按日期、科目罗列清楚	我少了很多需要操心的事情和麻烦，这让我很安心
	2. 家里所有人的各类账号的用户名和密码，他都用一个专门的笔记本记录下来，谁的用户名或密码忘记了，都不用担心	
	3. 家人外出或旅行，他都会提前做好各种安排	
	…………	

带孩子练习的时候，我推荐一个叫作"太阳花"的小工具，它尤其适合全家一起寻找彼此身上的"太阳品质"。你们可以先画几朵如下一页图中所示的太阳花，剪下来贴在墙上，再在太阳花的中心写上"××的'太阳品质'——××"，最后在花瓣上写或者画出具体的事件，作为这个"太阳品质"的证明。常常这样有意识地去练习，孩子就能逐渐学会主动找"父恩""母恩"，再由此扩展到其他人身上。

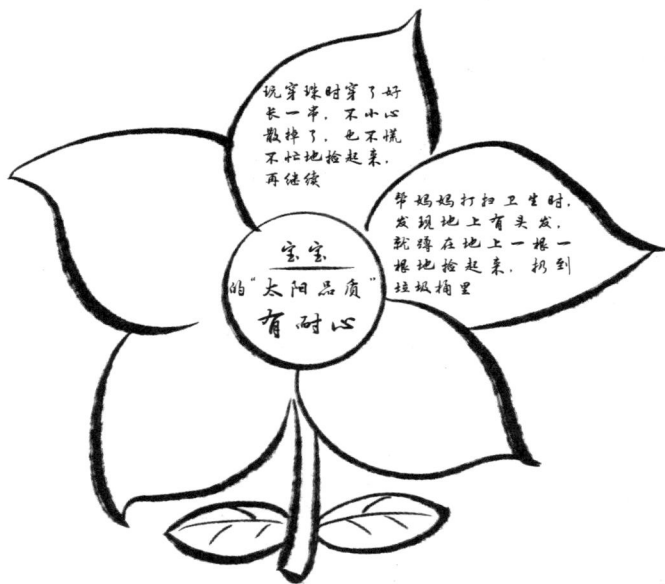

玩穿珠时穿了好
长一串，不小心
散掉了，也不慌
不忙地捡起来，
再继续

帮妈妈打扫卫生时，
发现地上有头发，
就得在地上一根一
根地捡起来，扔到
垃圾桶里

宝宝
的"太阳品质"
有耐心

小工具——太阳花

2.6 培养感恩习惯：带孩子做复盘，巧用"满意归因法"

什么叫"满意归因"？简单地说，就是当生活中发生让自己满意的事情时，你在心中会将这个满意归功于谁。通常会有两种不同的满意归因方式：一种强调"我"，强调自己"应得"；另一种强调他人，强调别人对"我"的帮助。

当我们经常去做向外的满意归因时，跟别人的链接一下子就变多了，便会对自己得到的越来越珍惜。感恩越多，烦怨就越少。

如果希望孩子养成感恩的归因习惯，可以通过"满意归因法"，通过生活中的点滴小事刻意练习。下面举一个例子来加以说明。

孩子体育测试的成绩有了很大的进步，如果你是孩子的妈妈，会给予孩子怎样的反馈？

第一种反馈方式："宝贝真厉害！""宝贝你真棒，了不起！"

第二种反馈方式："宝贝，你这学期坚持锻炼，所以体育测试的进步很大。恭喜你，妈妈真为你骄傲！"

第三种反馈方式："宝贝，你一周至少坚持三个晚上锻炼。这次体育测试的进步很大，所以首先你要感谢自己的努力；每次锻炼都是爸爸陪着你去的，他都认真地给你做示范，学校的体育老师也经常给你发视频督促、鼓励你，所以也要感谢爸爸和老师。"

第一种反馈方式只关注了结果，第二种反馈方式虽然关注了过程，但依然更多关注孩子自身。但在我们的教养智慧里，强调"助己为恩"，父母不仅仅要看到孩子取得的成绩和付出的努力，还要帮助孩子看到他在这个成绩背后获得了多少来自别人的爱和善意，如此，孩子也会更愿意表达善意。

对于孩子来说，学习感恩的路径有很多，但是传统文化认为，最优的路径就是学"孝"。

孩子对父母的孝，包含着对父母的感恩、爱亲和敬亲这三种积极品格。孟子云："大孝终身慕父母。""孝"不是对子女的束缚，也不是自上而下的要求，而是建立在子女对父母天然的孺慕、依恋和热爱之上，其本源是一种美好的情感。因此，孩子感恩父母是非常自然的，也是最容易的。

父母就在身边，是孩子最该感恩的对象，也是孩子第一个要感恩的对象。父母要将自己视作孩子学习感恩最好的"教具"，让孩子通过感恩自己而开始走上感恩之路，为其将来感恩其他人与事打下牢固的基础。因此，让孩子学"孝"，是孩子学习感恩的起点。

不懂感恩父母的孩子会经常烦怨，这说明父母在教养的过程中很可能出现了爱的"漏洞"。这时，父母就需要及时地检查和修正自己的教养行为。记住，让孩子从美好的亲子关系出发，拥有一颗感恩之心，才是开启孩子的幸福人生的终极密码。

第三章

尊序：让孩子拥有『从心所欲不逾矩』的人生

物有本末，事有终始。知所先后^①，则近道矣。

——《礼记·大学》

【注释】

①先后：先后的次序。

【译文】

万物都有根本、枝节，万事都有终结、开始。知道在这中间把握先后的次序，就接近事物发展的规律（大道）了。

3.1 为什么孩子这么逆反？

逆反不只是对着干

在我们的课程中，有一个话题能让下至 2 岁上至 18 岁的孩子的家长同仇敌忾，这个有魔力的话题就是——孩子逆反。

年龄小一点的孩子逆反得幼稚一点：你说"要"，我偏"不要"；年龄大一些的孩子就逆反得更气人一点：你说道理，我用歪理反驳。心理上还比较依赖父母的会逆反得隐蔽一点——嘴上答应但没有任何行动；心理上更独立的就逆反得更失控一些——毫无顾忌地挑战父母的权威，反抗师长的教导，一言不合就大发雷霆。

上述这些行为只是作为家长最容易感知到的逆反，事实上，逆反是孩子内心混乱无序的外在表现，也是孩子在成长过程中对自然和人伦规律的试探。亲子冲突只是逆反的特征之一，逆反还有很多其他的"面相"，比如杂乱无序的房间，毫无规律的作息，做事不分轻重缓急，与人交往时没有分寸、以自我为中心，等等。

现在很流行"逆反期"或者"叛逆期"的概念，似乎孩子身上真的有一个开关，到了某个时期，这个叫作"逆反"的开关就会自动开启，把我们的"天使宝宝"变成"小恶魔"。可家长是否想过，即便孩子身上真的隐藏着这样一个开关，又是谁启动了这个开关呢？

逆反是如何滋生的？

为什么"逆反"在现代家庭养育中被提及的频率越来越高？中国传统的家庭结构是家里的老人在中间，父母在边上，然后才是孩子，所以家里面的主心骨是老人或者父母，一个家庭的秩序才得以传承。而近些年来，传统的家庭结构朝着完全相反的方向发展，忽视规律和界限，导致很多家庭的主心骨变成了孩子。

家庭主心骨的变化

家庭结构的倒转，导致父母、老人与孩子的关系也随之改变：实际能力和经验最弱的孩子，却成了整个家庭系统中影响力最大的人。于是孩子在心理上便出现了一种幻觉，即"在家里我最大"，所有的秩序和规则都是以我的意志为转移的，我想怎么样就应该怎么样。这就形成了我们口中的"逆反"。

下面，我们跟着小明的成长足迹，来回溯一下孩子的逆反是如何被滋生出来的。

上幼儿园的小明不再愿意坐汽车安全座椅，爷爷舍不得孙子哭，说不坐就不坐吧；小明在家吃饭时坐不住，奶奶怕他吃不饱，要么追着喂，要么用 iPad 哄着；说好了玩 20 分钟手机，可是时间到了，小明软磨硬泡说再玩最后 10 分钟，于是妈妈嘴里凶巴巴地数落着孩子却无奈接受了数不清的"最后 10 分钟"……长辈们在这样的交锋中没有原则地节节败退，而孩子逐渐在内心积累起一种信念——"他们拿我没办法，只能听我的，我说了算"。

"我说了算"

上小学后，小明又开始了"一言九顶"。父母多说一句，小明就习惯性地顶嘴：你说一句，他顶九句。比如，爸妈提醒小明写作业，小明会说"你们管我什么时候写！为什么我要听你们的？"小明讲起道理来头头是道，父母经常辩论不过。这种"挑战家长"的游戏，小明玩得不亦乐乎。

父母眼看威逼不行，就开始了利诱，用一些奖励来换取小明的配合。结果，这种情况的次数一多，小明就习惯了遇到事情先谈条件，要是父母不满足他的条件，他就用情绪爆发的方式反抗或威胁父母。等小明到了青春期，父母更是想说又不敢说，想管又管不了。

3.2　心中尊秩序，行为有章法

一个人要成长、发展得好，需要智慧地顺应自然和社会中的各种"秩序"，不但要"心有秩序"，还要与环境、他人形成"有序的关系"。而逆反的孩子习惯了什么都按照自己的心意来，缺乏对各种秩序的尊重，不知道为人处世的分寸和规则，处处逆"序"而为，就如同逆水行舟，他们的成长阻力该有多大呀！所以，父母的重要责任之一就是教会孩子"尊序"，让孩子蓬勃的生命力都能顺畅地被用在自我完善上，而不是消磨在跟规律的无谓对抗中。

"尊序"与"遵序"，境界大不同

"尊"的古体字好像一个人用双手捧着盛酒的礼器，表示进献。它的本义就是一种盛酒的礼器，古人祭祀的时候，这类礼器都受到特别的尊重。因此这个"尊"字后来引申为"尊重"的意思，表示对神灵的虔诚与敬重。"尊序"一词就代表着从内心尊重秩序，尊重规律，对秩序和规律保持敬畏心。

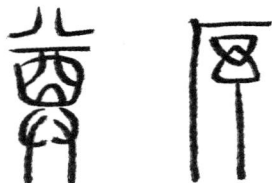

"尊"和"序"的古体字

为什么我要用"尊序"而不是"遵序"呢？二者虽然只有一字之差，但含义却大不相同。"遵序"中的"遵"是指按照、依照以及照办，有一种被动、不得不的含义。所以两者相较，"尊序"是由内而外的、心悦诚服的、主动的态度，而"遵序"是由外而内的、不得已而为之的、被动的态度。

例如，孩子在学校学习，学校设有一套规章制度（包括课堂纪律、安全行为准则等），遵守这些规定是"遵序"的体现，但仅仅遵守规则还不足以形成良好的学习氛围。当学生们都能够按照身心需要安排时间，与老师和其他同学建立起相互尊重和支持的关系，才能创造一个积极、和谐的学习环境。所以"遵序"仅仅是基本保障，"尊序"才能让孩子进一步发展。

一个尊序的孩子是不容易逆反的。那么父母怎样才能从小在孩子心中种下"秩序感"的种子，养出孩子的"尊序"态度呢？在"极简教养"父母训练营里，我们建议家长从带孩子体验"序"，理解"序"做起。

理解三种"序"，孩子成长更省力

孩子从出生就生活在一个充满"秩序"的世界里，有三种"序"在我们的生活中随处可见，父母只要带着孩子留心观察和体会，很容易就能在孩子心中植入"秩序感"。

第一种"序"：空间之序。只要留心，孩子所在的每一个空间都有其秩序。走在街上，可以观察道路的设计——机动车道、非机动车道、人行道，体验和了解这种秩序如何高效地为每个人分割出安全的空间；陪孩子玩积木、套娃，体验和了解形状和大小的秩序；带孩子逛超市、图书馆，从物品、图书的陈列方式中了解和体验分类的秩序；参加列队，体验和了解高矮的秩序……在不同的空间里，人们会下意识地去匹配对应的秩序。在空间中去体验和了解这些秩序，对孩子来说就是悄无声息地种下了关于秩序感的种子。

第二种"序"：时间之序。时间之序也是因果之序，这也是最容易带孩子体验的一种"序"。一年四季有二十四节气，你可以带着孩子观察自然界中不同时间点的物候变化；带着孩子一起做做家务，了解做一件事情需要先做什么后做什么；在家里种植物或者养一只小动物，带孩子观察动植物从小长大的过程……在这个过程中，孩子自然会逐渐建立起对时间先后以及因果逻辑的认知。

第三种"序"：人伦之序。对人伦之序的体验和学习，对孩子日后在人际交往中掌握分寸和规律意义重大。父母在夫妻关系、师生关系、家族关系、朋友关系、上下级关系中的行为表现，都是孩子观察和模仿的对象。

教养孩子有尊序的态度，就意味着教孩子对天地的规律、自然的规律、人和人相处的规律保持尊重、礼敬的态度，总结起来就是——**放低己，知先后，不顺己，顺道理**。当孩子"心有秩序"，在融入社会和人群时，内心就会充满和谐感。反之，如果父母忽略了关于尊序态度的教养，就会导致孩子在融入社会和人群时处处以"我"为中心，只在乎自己心中的"道理"，自然会遇到很多成长方面的障碍。

当然，教孩子尊序不是跟孩子讲道理，而是让孩子体验有序之美。你可以按照接下来介绍的方法，让生活中处处充满有序之美，进而大大减少孩子的逆反行为。

3.3　尊空间之序，心中不混乱：整理家庭空间的三原则

整理，让"带刺"的泽旭变"柔软"

泽旭妈妈来到"极简教养"父母训练营，是因为儿子的逆反让她伤透了脑筋。妈妈说，泽旭从六年级开始脾气越来越大，现在上了初一就更变本加厉了：家长说什么都不愿意听，稍微一说就摔门、摔东西。更让妈妈担心的是，他经常在外面晃荡，不愿意回家。后来，我约着孩子聊了一次。谈到不愿意回家的问题时，孩子抱怨了很多，说道："我家乱得跟个狗窝一样，我看着就心烦，一分钟都不想待在里面，也不知道我爸妈怎么待得下去，我情愿在外面，眼不见为净，要不然我回家一心烦就要跟他们吵架。"

孩子对家的描述给我留下了深刻的印象，我把孩子的感受反馈给他妈妈的时候，泽旭妈妈愣了一下，随后有点尴尬地

说家里是挺乱的。了解下来才知道，泽旭的父母为了能让孩子上个好初中，换了一个学区房。这个学区房比较老旧，面积也小，他们搬过来之后，很多东西放不下，就直接用搬家的纸箱子装着，堆放在房间里。夫妻俩平时工作都特别忙，也没时间收拾。泽旭妈妈觉得反正一天大部分的时间中，家里人工作的工作、上学的上学，也不怎么待在家里，房子乱就随它去了。我问泽旭妈妈，你自己愿不愿意待在家里？她说实际上自己每天只是下班回家后吃饭、睡觉，余下时间很少在家，但以前没想过是自己不喜欢待在家里，只以为是时间有限而不得不这样。

这次谈话之后，我给泽旭妈妈的建议是，先找几天把家彻底整理一遍，该扔的扔，该送的送，只留下每天都会用的东西和喜欢的东西。泽旭妈妈非常配合地去做了，她为此请了一周年假，彻彻底底做了断舍离。结果呢？泽旭妈妈后来告诉我，孩子放学就回家，吃晚饭的时候也愿意跟家长多聊几句，家庭氛围变融洽了。泽旭妈妈用了一个词，觉得孩子变得"柔软"了一点，没有那么多"刺"了；虽然偶尔双方还是会有冲突，但情况好转了很多。

在我做教育的这些年里面，去很多家庭做过家访。我发现很多有逆反行为的孩子，他们家的环境通常都是乱糟糟的。大家可以留意一些电影、电视剧，它们在表现一个人物内心混乱、迷茫、叛逆、焦虑不安时，他们的居住环境就会堆满歪七扭八的饮料瓶、随处可见的脏衣服、没有洗的碗筷、布满灰尘的家具等；而要表现人物内心幸福、充满希望时，通常他们的居住环境都是整整齐齐、窗明几净，房间里有阳光、画、花。

家是孩子成长的第一环境，物理空间又对应着心理空间。如果家里杂物堆积，凌乱不堪，每一个家庭成员更容易心乱如麻，焦虑不堪；反之，如果家里整洁有序，每一个人的心理空间也会更加和谐有序。

整理家庭空间的三原则

家的秩序就像是一面镜子，往往能映照出家庭教育的秩序。现在你就可以检视一下家里的空间，它是整齐的、有序的，还是混乱无序的呢？特别是当你感觉孩子做事情没有规律、不听话的时候，不妨先检查一下家里的物理空间。

如果检查完，发现家里确实是混乱的，你可以试着根据以下三个原则整理家庭空间。

原则一：划清边界

虽然整个家的空间是所有家庭成员共有的，但是不同区域体现着这个家庭的不同功能。比如，家里哪里是孩子的玩耍区，哪里是工作学习区，哪里是家人的公共娱乐和交流区，哪里是可以让大家独处和休息的地方，哪里是妈妈的"地盘"，哪里是爸爸的"地盘"，哪里是孩子的"地盘"，等等。这个"地盘"可大可小，可以是一整个房间，也可以只是一个抽屉、一张桌子或者一个小箱子。

即使是年龄很小的孩子也应该给他们布置一个小的私密空间，比如一个小帐篷或小桌子下加一个帘子等。是谁的"地盘"，谁就要负责布置、整理、清扫。这样，孩子对自己的空间就有了当主人的感觉。

原则二：舍弃无用、无情、无爱之物

空间的状态要从混乱变为有序，不可避免的一步就是扔东西。哪些东西要扔掉呢？记住十二个字：无用之物、无情之物、无爱之物。

无用之物就是那些一年到头都不会用到的、看不见就永远都想不起来的东西。它有可能是你在某次促销活动中买错但懒得退的东西；有可能是你想留着废物利用而攒下来的一堆瓶瓶罐罐和包装盒；有可能是别人推荐而你难以拒绝，跟着团购回来后都没有拆过包装的东西；也有可能是孩子已经用不了的物品。无情、无爱之物就是那些只能将就用但是不喜欢的物品。你使用这些物品的时候没有喜悦，甚至还带着抱怨和嫌弃。比如一只破了一个小口的碗，一张坐上去觉得硬邦邦的沙发，一件穿起来觉得别扭的衣服……

整理家庭空间时，就要舍弃掉无用、无情、无爱的物品。舍弃的方式有很多，可以直接扔掉，也可以选择捐赠、在二手平台转卖或者送给有需要的邻居。

家的空间是最珍贵的资源，一定把家留给最好的、最滋养家人的物品，而不是用各种东西把家塞满。

原则三：可变化，可成长

当一个家的成员从两个人扩大到三个人、四个人甚至更多人，空间也需要随着成员人数的增加、年龄的变化、每个人需求的改变而变化。空间整理背后的本质是我们主动地觉察到了自己和他人的需求变化，然后不断地去沟通和调整。调整空间本身也是对每一个人发展规律的尊重。

一个好的家庭空间可以尊重每一个成员的界限，又可以构建良好的流动空间，能独立、能共享、能接纳。在这样的一个有序、有流动、有界限、有变化的空间里面，夫妻关系、亲子关系都会变得更加有序，逆反行为出现的频率自然就会大大降低。

用三原则打造有序的学习环境

孩子的逆反不仅是跟家长和老师对着干，也会在学习上表现得没有条理和章法，以及不专注、情绪烦躁等。总而言之，你能明显感觉到他们学习时的"不顺"。如果你家孩子也有类似情况，不妨试试先用上述的三原则，从环境上做一些调整，让孩子能处于一个有序的学习环境中。

首先，划清边界。就是要给孩子提供一个独立的学习空间。不管这个区域是一个独立的小书房，还是一张独立的书桌，一定要跟其他区域（比如玩耍、吃饭的地方）明确区分开来。在训练营里，当很多家长问该怎么应对孩子学习拖拉、不专心等问题时，我通常都会让他们先拍一个关于孩子学习区域的照片或者视频给我，从中就能发现很多问题。比如，有的孩子的学习桌被安排在电视柜的旁边，有的孩子就在餐桌上或者在客厅的茶几上学习。这样的环境中，功能区没被做区分，孩子在学习时就很容易混乱。

其次，舍弃无用的干扰之物。在孩子的学习区域内，当他抬头平视时，视野范围内的东西越少越好，最好只有台灯和当下需要的课本与文具。很多家长会把书立在书架上，或者放些装饰品，这些其实都可以不要。需要特别注意的是，提升孩子专注力的一大原则就是远离诱惑物。不要考验孩子，毕竟让孩子在面对诱惑物时控制自己太难了！

最重要也最容易被忽略的一点就是学习环境要随着孩子的成长而调整。比如，书桌周围墙面的色彩，可以根据孩子不断长大而依次选用低饱和度的粉—桃—黄—绿—蓝的颜色，对应其思维逐渐发展，从而更利于孩子思考；书桌及储物空间的调整，也要跟随学业的复杂程度而及时调整等。

按照这样三个原则打造的学习空间才能对孩子的学习起到良好的辅助作用。

不管是整理整个家庭的空间还是孩子的学习空间，新旧空间的转换意味着新旧秩序的交替。如果你希望孩子从"逆反型"转变成"秩序型"，最容易入手、最简单的事情就是每天坚持去整理空间、维持空间。

看到这里，马上和孩子一起行动起来吧！再告诉你一个小诀窍：刚整理好的房间一定要拍照记录下来，如果有条件就打印一张照片，每天坚持这样做，很快你们就能养成习惯。

3.4 尊时间之序，成长更顺畅：顺应孩子的身心发展规律

俗话说：哪里有压迫，哪里就会有反抗。如果父母教养孩子时总是"逆"着孩子身心发展的规律，那最终孩子一定会"反抗"。

顺应孩子身心发展规律的本质就是尊时间之序。中国人讲究凡

事有时有序，好的耕种、好的教育都要放到时间的体系里去看，在对的时间才能把事做对、做好。"天与不取，反受其咎"，如果把这句话放到教养孩子中去，这意味着该教孩子时不教，以后会受其害。同样，时候未到抢先教，揠苗助长，也难以成功。

顺应孩子身心发展规律的教养，首要考虑的就是孩子的年龄。接下来会大致归纳不同年龄段孩子的身心发展规律以及对应的养育要点和误区，为你的尊序教养提供参考。

0~6 岁：发展身体，打好地基

0~6 岁是感官"吸收"最强的时期，最主要的任务是发展身体。这就好比给一栋房子打地基，只有物质地基牢固，未来情感和思维发展时才会顺利。

0~6 岁儿童身心发展里程碑一览表

年龄阶段	主要发展目标	养育要点	不恰当的养育行为（举例）
0~1 岁	建立身体基本技能，如坐、爬和行走；发展手眼协调和精细动作技能，如抓、握物品	提供安全和适宜的环境，建立稳定的日常例行活动和作息时间	6 个月大的嘟嘟是个名副其实的大胖小子，体重已经超过了 20 斤，身上的肉都堆成了一圈圈的"游泳圈"。嘟嘟出生后就一直喝奶粉，老人只要听见他哭就塞奶瓶。就算嘟嘟扭头把奶嘴吐出来，老人又会想尽办法让他把奶瓶里的奶都喝光。由于太胖，嘟嘟尽管都半岁了，抬头还是很费劲，更别提坐和爬了
	发展语言能力，通过模仿和交流（比如笑、咿呀学语等）开始学习语言	提供关注和亲密互动	
	学习独立进食和自我喂养的技能	鼓励探索和自主行动	

年龄阶段	主要发展目标	养育要点	不恰当的养育行为（举例）
1~3 岁	发展肌肉协调能力，掌握更复杂的运动技能（比如奔跑、跳跃等）	提供安全和适宜的环境	闹闹是个活泼可爱的 2 岁宝宝，热衷学习说话。可每当闹闹说话时，妈妈总是会纠正他的吐字和发音。比如，当闹闹说要吃"bingdan"时，妈妈会说："不是'bingdan'，是'饼干'，重说一次。"有时甚至要闹闹重复很多次妈妈才肯拿饼干给他。尽管妈妈是想帮助闹闹发展良好的语言能力，但闹闹开始变得有些沮丧，不愿意说话，想要什么就用手指或哭闹、尖叫
	学习语言和沟通，积累词汇和语法，能使用简单的词语和句子	鼓励沟通和表达	
	培养独立进食的能力和餐桌礼仪	培养良好的饮食习惯和自理能力	
	学会辨认和表达自己的情绪和情感	建立积极的亲子关系，提供情绪支持	
3~6 岁	培养运动技能和身体协调能力（比如跳绳、玩滑板、骑自行车等）	提供适当的体育活动机会	4 岁的小逸只愿意由妈妈带着到小区玩。如果小逸想加入别的小朋友的游戏或者想要玩别人的玩具，只需要拉拉妈妈的衣服，妈妈就会替他去跟小朋友说；如果小逸玩的时候不小心碰到了别人或者拿着别人的玩具不撒手，妈妈也会替他去解释。现在小逸上中班了，老师说小逸在幼儿园跟别的小朋友很疏远，在社交方面有很大的困难
	发展创造力和想象力	提供丰富的玩具和创造性的玩耍机会	
	发展社交技能，学会与他人合作、分享和解决冲突	鼓励合作、对他人友善和分享	
	发展基本的数字、语言文字的认知能力和使用能力	提供丰富的学习材料和有趣的学习体验	

6~12 岁：发展情感，向外联结

6~12 岁是发展情感的关键时期。这时，孩子开始建立丰富的内心世界以及人际关系。这个阶段就像是修建房屋的墙体，有了坚实的情感能力，才能更好地联结身体的本能和理智的思考，这是孩子成长为完整的人的过程中最重要的一部分。

6~12 岁儿童身心发展里程碑一览表

年龄阶段	主要发展目标	养育要点	不恰当的养育行为（举例）
6~12 岁	学会建立持久的友谊，与不同类型的人建立联系并合作	培养积极的社交技巧	川川已经上三年级了，但父母几乎包揽了他生活中的一切。每天晚上，爸爸都会坐在川川旁边，安排好晚上的学习计划，看着川川写作业，川川有题目不会，马上就提示或指导；而妈妈几乎从不让川川做任何家务——饭端到他面前，衣服拿到他手上，甚至书包都帮他整理好。现在川川遇到任何事情，说得最多的一句话就是："我不会。"
	发展更高级的思维、能力，如逻辑思维、批判性思维和解决问题的能力	提供有挑战性和适合其年龄的学习机会	
	发展出独立性和责任感	培养自律和自我管理的能力	
	形成和发展个人兴趣爱好	支持兴趣爱好的形成和发展	

12 岁以上：向内思考，自我觉醒

12 岁以上是孩子发展思考能力的关键时期。这时，孩子开始树立起追求真理的志向并逐渐拥有批判意识，准备迈向成人的世界。同时，这一时期也是他们易冲动与产生烦恼的时期。这个时期很长，甚至会持续到 25 岁以后。这个阶段就像给房子封顶，封顶完成就意味着孩子基本成长为一个完整的个体了。

12 岁以上青少年身心发展里程碑一览表

年龄阶段	主要发展目标	养育要点	不恰当的养育行为（举例）
12 岁以上	理解和应对青春期的身体和情绪变化	提供关于青春期和生理变化的信息和支持	随着小美进入初中，她每天花在镜子前的时间越来越多，发育的身体、增长的体重、脸上的青春痘都让她觉得不自在，经常为此情绪低落、自卑。但妈妈认为小美这个阶段最重要的任务是学习，为这些事情花精力就是在浪费时间。看到小美情绪低落，妈妈还批评小美太矫情，小题大做，认为她把这些心思放到学习上就不会有那么多事儿了。母女俩经常为此爆发冲突。小美渐渐地变得越来越沉默，经常默默流泪，成绩也明显下滑
	了解和接受自己的性别和身份	尊重和支持孩子的身份认同和个人表达	
	能够独立思考，建立个人价值观和道德观	鼓励思辨能力的发展和独立思考	
	建立积极的自我形象	培养积极的身体形象和自尊心	
	理解身体变化，管理性健康	提供关于性健康和性教育的信息和支持	
	发展出健康的情感和建立更复杂的人际关系	提供情绪支持和亲密互动	
	学会独立决策和承担责任	培养自主性和责任心	

对于父母来说，尊序教养最重要的是这些顺序不能颠倒了，就像修房子不能没有地基就砌墙，更不能还没打好地基就封顶，不按顺序来，房子会塌的。当然，孩子发展的大致规律一致，但

每一个孩子的发展节奏还是会有所不同，父母需要学会对孩子进行用心细致的客观观察，这样就可以成为最了解自己孩子身心发展规律的专家，事半功倍地支持他更顺畅地成长。

3.5 尊人伦之序，家庭才和谐：预防孩子逆反的 V 型养育模式

家庭的经营、孩子的成长想要顺畅，除了空间和时间上要有序，还有一个更重要的因素，就是家庭成员之间的关系有序。孟子说："父子有亲，君臣有义，夫妇有别，长幼有序。"中国传统文化非常讲究人伦关系的序位，一个人要想发展得好，就需要对社会中人伦关系的"序"有好的理解。如果希望孩子从家庭中汲取最大的成长动力，就要排好家庭的序位。

家庭成员需各安其位

"齐景公问政于孔子。孔子对曰：'君君，臣臣，父父，子子。'"这段话是什么意思呢？齐国国君景公曾向孔子询问治国的方法，孔子回答："君主应当扮演君主的角色，履行君主的职责；臣子应当扮演臣子的角色，履行臣子的职责；父亲应当扮演父亲的角色，关心和照顾子女，教导他们成为有责任心的人；子女应当扮演子女的角色，孝顺父母，尊重他们的教导和养育。"

孔子的这句话强调了不同角色之间的责任和权力边界，大家要各司其职，不互相侵犯，才能维持社会的和谐与秩序。

国家如此，家庭亦如此。父母在父母的位置上承担好责任，

孩子才能在孩子的位置上健康成长。现在家庭教育中的很多问题，包括夫妻疏远、父亲缺位、二孩之争，常常是因为层级序位被打乱。

【消失的爸爸】

王先生的儿子王小宝出生之后，妻子全部的时间和精力都花在照顾儿子身上。儿子小时候，为了晚上方便照顾，妈妈和外婆带着王小宝住主卧，王先生一个人住次卧；儿子跟大人一起吃饭时，家里的菜都是按儿子的喜好来安排；儿子喜欢看海洋生物，于是家人的假期安排全都是去水族馆；儿子到了上小学的年龄，为了孩子上学方便，就举家搬到了孩子的学校附近，为此王先生每天上班不得不增加30多分钟的通勤时间……整个家庭都围绕着儿子转。王先生觉得自己在这个家里无足轻重，完全没有自己的位置，他对孩子的事也没有任何话语权，索性就不再过问。

中国传统文化把夫妻关系看作一切关系的开始：先有夫妻关系才有子女关系，再有家族关系，进而发展出丰富的社会关系。上面这个故事就是一个典型的亲子关系大过了夫妻关系从而使整个家庭系统失序的例子。

【过早被唤醒的孩子】

土豆是一个不到3岁的小男孩。土豆妈妈觉得自己是一个特别纠结、害怕做选择的人，希望土豆不要跟自己一样，而是独立、有主见，所以很小就让他自己做选择。比如说买面包，他说买哪个就买哪个，说买几个就买几个；外出吃饭，若有几个餐厅备选，他说去哪里就去哪里。再比如，土豆爸爸想换车，哪一款、哪一个颜色好，妈妈也让土豆选。妈妈甚至说，如果有两个差不多的幼儿园，自己定不下来，可能也会让土豆自己来选……妈妈觉得让土豆自己选择可以让他更有成就感和参与感。可事与愿违，这样成长起来的土豆并没有表现出妈妈期待的独立、有主见，而是什么都害怕，口头禅就是"怕怕"。

这是一个典型的由于妈妈不想做选择、不想承担选择带来的结果，而让年幼的孩子过早被唤醒并且承担了妈妈的家长责任的例子，角色序位的颠倒成为孩子成长的巨大阻碍。

夫妻在先，亲子在后；父母为大，孩子为小。父母给孩子生命，孩子带着感恩之心接受这一事实。父母有养育孩子的责任，需要站在孩子前面遮风挡雨，给孩子带来安全感。但是很多家庭失去了正确的序位，家长要么过分宠孩子，要么怕孩子，在孩子面前感到无力。有的孩子从小就感到自己的父母不够好，控制不住地指责和评判他们；也有的孩子感到父母是软弱的，自己需要强大，以保护他们，为他们出头。于是，小孩子不再待在自己应该待的位置上，而是试图站得比父母更高，逆反自然就产生了。

V型养育模式

极简教养体系非常强调家庭系统中人伦序位的三条重要原则：

1.选择与责任相辅相成——小一点的孩子，父母须承担全部责任；学龄后儿童，则根据承担责任＋承受后果的能力让孩子选择，父母依然是坚实的后盾。

2.孩子逐渐长大，则父母逐渐让位，但仅限于让孩子在有限范围内做自己的主，而绝不能做父母的主。在孩子成年之前，家庭大事一律由父母做决定，比如搬家、买房、换工作、选择学校等；青春期孩子可以决定自己的穿着打扮、布置自己的房间，甚至可以就选择学校参与意见，但不能决定家庭大计。

3. 至于婚姻中的问题，更是仅限于在夫妻之间解决，绝对不能让孩子参与，更不能把孩子当作牵制对方的筹码。

为了更形象地让大家理解这三条原则，我们提出了 V 型养育模式。

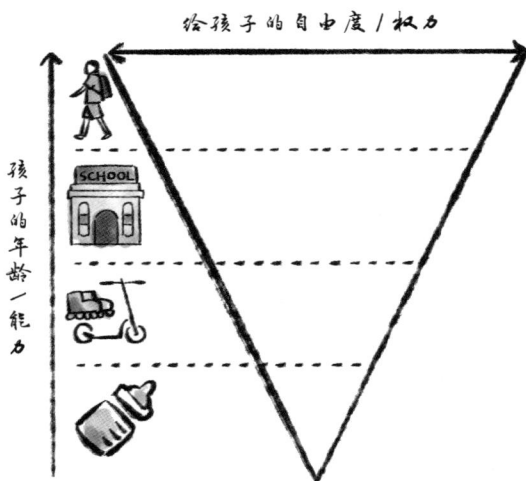

V 型养育模式

正常情况下，孩子的年龄 / 能力与他们应该拥有的自由度 / 权力之间呈 V 型关系。孩子年龄越小的时候，能力越弱，生存完全依赖于父母，此时父母给孩子的自由度和权利的界限应该是很小的。越小的孩子，越需要父母胸有成竹，需要身边的成年人有抉择、有担当，做他们的主心骨，这样孩子会感觉自己是安全的、受到保护的。他们无须操心成人世界的事务，也无须操心自己的吃喝拉撒睡，只需跟随父母的安排，专心致志地做孩子，按部就班地成长即可。

随着孩子长大，他们的能力越来越强，心智越来越成熟。此时，父母就应该不断扩大界限，释放自由度和权力给孩子，慢慢隐退，把越来越多的空间让给孩子，支持其成长为独立自主的人。

但现在很多父母错误理解了"自由教育""快乐教育"，认为快乐就是给予无限的自由度与权力，不考虑孩子的年龄和身心发展规律，采取了倒 V 型的养育模式：在孩子年龄很小的时候，父母把很大的自由度和权力给了孩子。我在这十几年的家庭教育过程中，听过形形色色的故事：

2 岁孩子的爸爸，对于孩子要爬到桌子上吃饭束手无策；

3 岁的孩子，想吃什么就吃什么，父母丝毫不考虑食物是否安全健康；

4 岁孩子的家长，把手机交给孩子，想玩什么、看什么都随孩子；

5 岁孩子的妈妈，让女儿来决定自己要不要离婚；

6 岁孩子在课堂上随便走动，被老师制止，妈妈认为老师压抑了孩子的天性；

…………

这些孩子真的是"无拘无束"。可当孩子要上学、适应集体、满足学业要求时，行为问题渐渐显露。父母这才着了急，从各方面限制孩子，如不准玩手机、不准吃垃圾食品，各种"必须"接踵而至。可是这时孩子的年龄增长了，能力增强了，他们内心会产生巨大的疑问："为什么我小的时候做什么都可以，而现在长大了，我更有能力了，却要被限制？"所以倒 V 型养育模式的必然结果就是父母与孩子产生巨大的冲突和对抗，这对父母而言就是"逆反"。

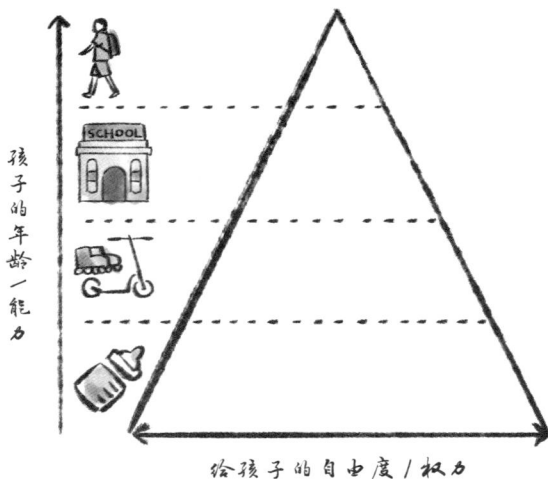

倒 V 型养育模式

那么，怎么设置 V 型养育模式的规则边界呢？答案又要回到我们上一小节强调的——规则要遵循孩子身心发展的规律。具体来说，可以参考以下四点：

1. 不制定超出能力范围的规则。 比如，让 5 岁的孩子在别人说话的时候不打断，上课发言时要举手，这是可以做到的。但要求他们一节课坐端正、不能动，就多少超出了他们的能力范围。

2. 规则要具体，让孩子能理解。比如"认真学习"是一个很抽象的规则，而"写作业的时候不离开座位""作业书写整洁"就相对更具体、好执行。

3. 规则要坚持，方式要灵活。这一点对年龄小的孩子尤为重要。比如说前文提到的坐汽车安全座椅，不管孩子乐不乐意，为了安全，他一定要坐，但是我们可以用做游戏的方式让孩子更容易接受这件事。

4. 避免规则的随意性。如果我们认同孩子打人是不可以的，那这类行为发生后就不能根据父母的心情来界定可不可以，不能今天赶上妈妈心情好，就容忍；赶上心情不好，就制止，甚至用打手或打屁股的方式来惩罚。

孩子的成长是一个循"序"发展的过程，人生的进步也是一个循"序"渐进的过程。"尊序"能让孩子"心有秩序"，这是孩子面对这个不确定的世界的定心丸与处理人际关系的润滑剂，也是幸福人生的重要保障。父母能做的，就是让孩子从小生活在一个有序的空间里，成长在自身发展规律被尊重的家庭环境中，为孩子种下尊序的种子，让他一生"从心所欲不逾矩"。

第四章

持敬：让孩子成为专注而坚定的人

知止而后有定^①，定而后能静^②，静而后能安，安而后能虑^③，虑而后能得^④。

——《礼记·大学》

【注释】

①定：坚定的方向。②静：（心态／意念）宁静。③虑：思虑。④得：有所收获，得到"至善"。

【译文】

知道止于至善的目标，人生才能站稳立场，从而坚定方向；而后才能动机纯正，心态宁静；而后才能从容有度，无论何种处境都能身心安稳；而后才能处事精详，去除偏见，思虑圆融；而后才能有所觉悟，达到"至善"的境界。

4.1 孩子学习的"拦路虎"——性急心乱

现在，请你闭上眼睛，在头脑中回想一个你认识的"学霸"在学习或思考时的样子，你看到了什么画面？你看到这位"学霸"的状态是什么样子的？

我常常在"极简教养"父母训练营中请家长做这个练习，会听到许多相似的答案——

"专注，可以沉浸在一件事里很长时间。"

"很安静，很有定力，心态很稳，不被打扰。"

"沉浸在自己的世界里，外面的事好像都与他无关。"

与上述情况相反，很多孩子在学习时毛手毛脚、急躁匆忙，无论是心还是身都无法安定下来从而投入眼前的任务，这样的身心状态既是孩子学习的"拦路虎"，也是父母的"心头恨"。

多动的贝贝

贝贝今年上四年级了，随着孩子年龄的增长和学业压力的增加，贝贝妈妈的烦恼也水涨船高。

最让她头疼的要数每天晚上的家庭作业——虽然她给贝贝准备了专门记录作业的本子，但作业记录本一周总有两三天是空白的，她只能在班级群里或者联系贝贝同学的家长问作业。写作业的时候，贝贝是摸到什么写什么，不会做任何计划，效率很低，作业经常都要写到晚上10点以后。他写作业的时候一会儿摇晃椅子，一会儿摆弄橡皮，一会儿喝水或上厕所。他把作业写得龙飞凤舞，需要家长或者老师满篇地"找"答案；跳题、漏题、看错行更是常事。

在学校的情况也同样不乐观。一学期贝贝让妈妈送课本和作业到学校的情况不下10次。老师反映贝贝上课的时候坐不住，要么发呆，要么跟同学聊天，要么在下面玩自己的文具或手指头；遇到难题就很急躁，不愿意多尝试、多想想；下课跟同学玩时会突然开启情绪开关——大发脾气，跟同学产生矛盾。

贝贝妈妈甚至想着带孩子去医院看看他是不是患有"多动症"。

类似贝贝妈妈的烦恼，在我们的日常工作中几乎天天都能听到。排除少数真的符合"多动症"临床诊断标准的情况，更多的孩子其实只是无法很好地控制自己的身体、情绪和意识。在"极简教养"体系中，我们把孩子的这种状态称为"放逸"。

"放逸"行为面面观

当一个人对感情、事物拿捏得有分寸，我们会用"收放自如"这个词来形容他。孩子的生命力和精力都处在极其旺盛的时期，他们的能量常常都是处于"放"的状态的。"放"本身没有问题，重要的是在必要的时候必须可以"收"回来。孩子长大的过程就是逐渐掌握"收"这种能力的过程。而"逸"指逃跑、逃逸，"放逸"是指孩子外放的能量无法被收回，自行逃逸，无法控制。在"放逸型"孩子的身上，很容易观察到以下行为：

1. 在生活中粗心大意，经常丢三落四。

2. 做事无章法、没计划、常常虎头蛇尾。

3. 遇事躁动、慌张、沉不住气、不稳重。

4. 注意力不集中，听课时分神，写作业时磨蹭。

5. 容易情绪化、无端地发脾气。

6. 总是急于表达自己的想法，爱抢话，不愿意听别人说话。

7. 做很多事情时都是浅尝辄止，遇到一点困难或挑战就退缩、放弃。

…………

总结一下，这类孩子的行为有三个核心的特征：**难以控制行为，难以管理情绪，难以专注于目标**。

你可以把这类孩子的这种状态想象为一个飘在天空中的断了线的风筝，或者一艘在海浪中没有锚的小船，由于没有了往回拉的力量，它们就会随风飘荡或者随波逐流，没有方向也不知会停在何处。所以"放逸型"的孩子给人留下的印象就是随心所欲，跟着心情跑，无法控制自己。

你的孩子有以上的这些行为表现吗？如果占了三条以上，就需要特别关注了，别让"放逸"发展成为孩子学习的拦路虎。

4.2　"放逸"是如何形成的？

"放"是天性，"收"要学习

"放"是孩子的天性，而"收"却需要后天学习。孩子在年龄小的时候出现"放逸"的行为是再正常不过的了，这是符合孩子身心发展规律的，但父母如何应对孩子的"放逸"行为，却决定了孩子能否顺利发展出"收"的能力。

假设你的孩子写作业的时候有很多小动作，不时地东摸摸、西搞搞，你在旁边盯着时就好一点，你一离开，他很快就会分神，你应该怎么做呢？

一类父母认为，这样的孩子好动、坐不住是因为精力旺盛，需要管理，但孩子还小，管不住自己，所以只能靠父母来控制。于是，他们采取的行动就是陪在旁边盯着孩子写作业，即用父母的外在控制来制衡孩子的好动。长此以往，孩子就习惯了等着父母来控制。最后，父母会得出一个结论：这个孩子没我看着就不行！其实，孩子的自我控制力就像肌肉力量一样需要锻炼，如果长期依赖外力的干预，他便会认为自己没有这样的能力，其内在定力的发展就被限制了。

面对同样的场景，另一类父母则认为孩子坐不住、无法静下心来投入眼前的学习，是因为自控力还没有发展好，这需要练习和培养。他们相信孩子是可以学会自我控制的，不用全靠别人来控制。有这样的理念，他们就会采取培养孩子自控力的行动。他们会在日常活动中营造让孩子锻炼自控力的场景，并找出他自己能控制自己的细节，让孩子觉察到自己的能力。同时，他们会逐步减少外在控制。这就形成了一个促进孩子自我管理的良性循环。

你是哪一类父母呢？

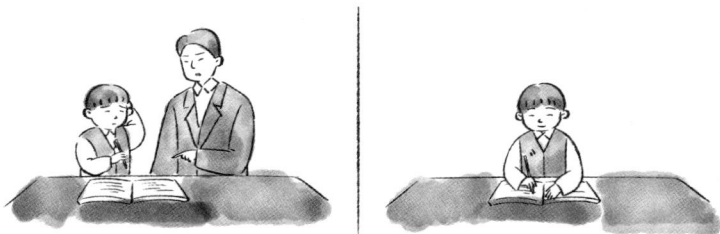

外控和自控

都是"快乐"惹的祸

除了父母直接的教养策略，"放逸相"也与当下社会大多都在追求"快乐"的大环境息息相关：人们都在追求"很快"的乐，"很快"地达到某个结果，即我们一旦产生某个心理需要，就会下意识想快一点有结果。

孩子刚开始学习自己走路、吃饭、穿衣、上厕所等时，家长内心会问"什么时候能学会？什么时候有成果？"；

孩子上幼儿园学画画、跳舞、跳绳等时，家长内心会问"什么时候能学好？什么时候有成果？"；

孩子上小学学写字、学各种学科时，家长内心又会问"什么时候能体现在考试成绩上？"；

孩子长大成人了，家长又会急着问"什么时候结婚？什么时候生孩子？什么时候能涨薪？什么时候能升职？"……

对于小孩子来说，他们的心理需求可能是一块糖果、一个玩具、去一次游乐场；长大一些后可能是打游戏、玩手机、拥有某些物品。

于是，大家都希望快速满足心理需要，强烈的期待会让人情绪急躁，不愿意等待：如能够马上得到满足，就开心；否则，就郁闷。

如果眼前的事无法满足马上"乐"的需要，他们就会急于搜寻能够快速满足自己舒适感的人或者事物。他们通常追求情绪化的刺激，但它是短暂的，难以沉淀和积累，所以他们需要不断寻找新的"乐"。有时，你会发现，经受的这类刺激越多，下次再想激发"快乐"需要的刺激就越大。心理学上有一个词叫作"阈值"，"快乐"的阈值越高，就越不容易"快乐"；越不容易"快乐"，我们就更拼命地放纵自己去追逐、寻找"快乐"。一旦内心不断地追求这样的"快乐"，孩子就会表现出上文所说的那些"放逸"行为——很容易被诱惑、被干扰，做事浅尝辄止，更容易放弃和逃避。

在"极简教养"体系中，如果孩子已经有了"放逸相"，就需要通过练习培养"持敬"的正面态度，帮助孩子从"放逸型"转化为"定力型"，成为专注而坚定的人。

4.3 比自律更高阶：持敬＝意志力＋抑制力

什么是"持敬"？

《说文解字》中说："持，握也。"《康熙字典》中说："持，执而不释谓之持，是手执之也。""持"的本义为拿着、握住，引申为保持。那什么是"敬"呢？在金文中，敬就是举着木棍，用嘴吆喝，传出一种警告的意思，所以"敬"和"警"的意思是相关的。《说文解字》中说："敬，肃也。""敬"的本义表示恭敬、戒慎，后来引申为对人尊重、有礼貌。所以"持敬"就表示对人与事保持一份恭敬、警觉的意思。

"敬"的古体字

在实际应用中，"持敬"有两层含义。

首先，"持敬"的"敬"等同于安静的"静"。"持静"即周敦颐提出的"主静"，就是以"敬"贯彻动静，用静坐和静观来修炼自己，去除内心中各种欲望的干扰，使得内心安定，从而生出定力。这样的自修方法，在西方也得到了广泛认可，比如由卡巴金博士提出的风靡全世界的"正念"就是源于东方智慧。现代医学和心理学的研究发现，这种练习可以有效地改善身体因压力而产生的炎症反应，还可以改善睡眠质量、控制焦虑和加强专注力等。

其次，"持敬"提倡"主一无适"，即带着恭敬和警觉，专心致志于心中之理，不松懈、不怠慢，将心专用，专注于某一个点、某一件事、某一个目标上，有自己的主心骨，从而变得更加专注和坚定。正如曾国藩在家书中告诫兄弟子侄："凡人做一事，便须全副精神注在此一事，首尾不懈，不可见异思迁，做这样，想那样，坐这山，望那山。人而无恒，终身一无所成。"

做到"持敬"，何愁自律？

在"极简教养"父母训练营里，每当问起父母最希望孩子在学习和生活中具备的一种品质，"自律"一定是高票上榜。"自律"一词，出自《左传·哀公十六年》，原意是指在没有人现场监督的情况下，自觉地遵循法度，拿它来约束自己的一言一行。现在我们希望孩子"自律"，大多数情况是期待在没有家长和老师监督、提醒的情况下，孩子自觉地完成学习任务，达到学习的目标。然而，这个意义上的"自律"并不是真正内驱力的表现。我们更应希望孩子是因为心中的喜悦和志向而选择约束和管理自己的行为，实现目标。这就是"持敬"。

持敬 = 意志力 + 抑制力

"意志力"是敢于对自己心中真正认为重要的事情说"是"，敢于对自己承诺；而"抑制力"则是敢于对不重要的事情、外部的干扰和压力说"不"。

阿布 10 岁时参加了一个期盼已久的自然夏令营，夏令营开始前半个月，他到图书馆借阅了几本关于夏令营要探索的地区的植物和动物的科普书。那段时间，他每天完成学校作业的效率大大提高，还主动放弃了玩手机的时间，拒绝了小伙伴请他下楼玩耍的邀约，一门心思地研究借回来的书，吃饭、走路时都在跟我们讨论和分享书中的内容。

持敬是发自内心地喜欢与打心底里认可自己需要去做"重要的事"。但需要注意，对孩子来说"重要的事"和对父母来说

"重要的事"很有可能是不一致的，如果想要激发孩子的内驱力，就必须学会重视对孩子来说"重要的事"，通过良好的亲子沟通，深入地理解和引导孩子。

播种"持敬"，收获"定力感"

孩子一旦有了持敬的态度，会自然地产生两个结果。一是表现出强的"自控力"：沉得住气，做事有章法、有计划；很少任性，不会想怎样就怎样；面对自身的冲动、感情、欲望与外界的突发事件，可以"自我节制"；对周围的事物、自己的生活和事业有"控制感"。二是表现得非常"端正"，着力保持"正"——自己内心的目标和原则，即为了实现目标与保持原则而主动进行自我约束。

孩子若是拥有了持敬的态度，就会表现为有"定力感"。有定力感的孩子，往简单了说，能稳住心神、不急躁、不慌乱、不鲁莽，更重要的是能成为自己的主人。如此一来，孩子就不容易被外面的诱惑带跑。

有了定力感，孩子就能耐得住寂寞，经得起挫折；

有了定力感，孩子就能坐得住，潜心研习，有所成就；

有了定力感，孩子就能不畏惧困难，不会半途而废，不会止步于小成；

有了定力感，孩子就能吃得苦，耐得劳，未战而心先胜；

有了定力感，孩子就能在面对挑战时从容镇定，临危不乱，后发制人。

因此，帮助孩子拥有定力感，才能轻松对治"放逸相"。

既然持敬态度如此重要，父母具体怎么做才能教养出具备持敬态度的孩子呢？我们可以在身体、情绪以及意识这三个层面上来进行练习。

4.4 打好持敬的基础：三种活动"控身体"

持敬在"极简教养"体系中是一个比较特别的存在，因为持敬是可以被看见的。现在，请你闭上眼睛，想象一个人持敬的样子，你能想到谁？会出现什么样的画面？可能你会想到打太极拳的高手，动作不疾不徐却又行云流水；或者你会想到练瑜伽或者普拉提的人，力量与柔韧集于一身；又或者你会想到泡茶品茶的人、纪录片里做菜的大厨、电影里的狙击手、插花的人、练书法的人、画画的人甚至打桌球的人……持敬首先会外显于身体，因为身体是基础，然后它才会进入情绪和意识层面。

孩子在0~6岁的阶段最重要的任务就是发展身体，之后才是发展情绪、意识。所以，当我们希望孩子专心学习，能够静下来去思考、能够情绪稳定的时候，要明白做到这些的前提是他们有能力控制自己的身体。如果实实在在的身体孩子都掌控不了，何谈控制情绪、意识呢？现在之所以很多孩子出现了"放逸"的问题，是因为在该发展身体的时候，我们让孩子去做了太多的情感与智力活动，而没有让孩子获得掌控身体的能力。

孩子 6 岁前，你可以这样做

如果你的孩子比较小，不到 6 岁，那就尽量制造机会让他们自由玩耍，让他们多运动，去跑跳、去攀爬、去摔跤、去磕磕碰碰，这样孩子才能学会去控制自己身体的姿势，才能更好地保持身体的平衡。我们现在很怕孩子受伤，怕他与其他人发生冲突，所以许多孩子连打闹的机会都很少。可是对于孩子来说，他必须通过不断尝试才能学会控制自己的身体，如一个小朋友想摸另一个小朋友，用多大力量时，别人是舒服的，是可以接受的，用多大力量时别人会觉得疼；又或者以怎样的速度冲过去抱一个小朋友，对方不会被撞倒……同时也要让孩子尝试做不同的事情，可从最简单的吃饭、用筷子、倒水等开始。

另外，让孩子多接触各种各样的自然材质：青草、树皮、泥巴、沙土、石头、木头、棉麻布、丝线、羊毛线……越小越要接触这些天然的材料，充分发展他的感官。感官发展得越充分，他对身体的感知就会越敏感，以后就越能有意识地控制自己的身体。但这里需要特别提醒的是，现在很多年轻的家长都知道要在早期给予孩子更多的感官刺激，所以会购买很多五颜六色的玩具，其中大部分是塑料玩具或是带有声光电信号的玩具，或者直接让他看电视、玩手机。可是，这些带来的刺激对于孩子的感官系统来说是"过载"的，非但不能促进其感官系统的健康发展，还会有不可逆的损伤。现在，已经有大量的科学实验证明，过早地长时间暴露在电子产品中的孩子，专注力会下降。

适合学龄孩子的三个亲子活动

如果你的孩子已经到了学龄阶段，你发现他在需要持敬的活动中有很多小动作（比如抖腿、摇晃椅子等），整个身体看起来都是处在不安定的状态中，那我提供给你几个控制身体的小练习，帮助孩子慢慢找回控制身体的感觉。这些活动都可以根据孩子自身的情况加减难度，适合不同年龄的孩子玩耍，在户外或室内都可以进行。

活动一：盲人寻物

需要至少两个人参加。先准备一个眼罩以及一个能发出声音的物品。再让孩子戴上眼罩当"盲人"，另外一个人拿着能发出声音的物品，随机找一个方位发出声音，让"盲人"循着声音去寻找声源。

玩这个活动的时候最好找一块无障碍物的空地，以保证安全。如果一开始孩子害怕戴眼罩，家长可以先示范或牵着他的手慢慢走以便适应。声源离孩子的距离，可根据孩子的年龄和能力来调整。年龄大一点的孩子，声源还可以适当移动，或者父母分别发出不同的声音，增加难度。这个游戏非常适合全家总动员，不过一定要注意安全。

活动二：走独木桥

对年龄小的孩子来说，这个游戏一开始可以没有难度，就在地上画一条线，让他沿着线走就可以。如果是大一点的孩子，小板凳、一根横木、花台边沿都可以作为活动场地，也可以找越走越窄或者有高低起伏的地方，逐渐增加难度。

活动三：轻如鸿毛

练习在头顶或者肩膀上托着一个东西走路，保证不让东西掉下来。托的东西可以是一个毛绒玩具、一张纸、一根羽毛，东西越轻，难度就越大。走的时候，一开始可以在平地上，再挑战起伏不平的路面，甚至跟第二个活动结合起来，在独木桥上做这个动作。千万不要求快，而要去体会"慢"，去体会在运送一个很轻的东西的过程中把注意力放在身体的某一个点时肌肉的紧张感，慢慢地找到精准控制身体的感觉。

以上这三个活动都非常有利于孩子觉察敏感度的提升，觉察敏感度越高，对身体的控制就越精细，对自我的控制就会更好，自然就能更好地发展出持敬的态度。

4.5　排除持敬的障碍：四减四增"稳情绪"

有能力控制身体后，我们再往上进一阶，来看看如何"稳情绪"。"放逸型"孩子的典型特征之一就是情绪不稳定，有哪些办法可以让他的内在更平静呢？

减"快"乐，增"慢"乐

上文已经有过分析："放逸型"孩子的情绪不稳定很大程度来源于对"快"乐的过分追求，这导致孩子内在的烦躁、不安、焦虑。既然有"快"乐，与之相对应，自然也就有"慢"乐。以慢制快，再合适不过了。有人说西方哲学是训练思维的，而东方哲学是滋养生命的。孔子以《诗》《书》《礼》《乐》教弟子，它们都有一个共同特点，那就是"慢"：慢慢地保持着安静恭敬的心，保持着乐的状态，虽慢但持久，积攒下来，就能沉淀出非常多的喜悦。我们不妨借鉴先贤的智慧来养育今天的孩子，每天在下面的清单中挑一两件完成：

1. 跟孩子一起吟诗、讲故事、念童谣。

2. 跟孩子一起歌唱、弹琴，欣赏音乐和电影。

3. 跟孩子一起画画、练书法。

4. 跟孩子一起做手工，废纸、黏土、面粉、毛线、碎布都可以作为材料。

5. 跟孩子一起做饭、烘焙。

6. 跟孩子一起徒步、爬山、骑自行车，去自然界欣赏美景。

我要特别强调"跟孩子一起"而不是"让孩子去做"，并且做这些的目的只有欣赏美，没有任何学习技巧的要求！没有马上要拿到结果的心态，也就没有强烈的期待和急躁的情绪，亲子就可以把心态定下来，一点点地做眼前的事情：父母可以欣赏孩子每一点的进步，享受亲子之间的亲密无间，感受教养孩子的美好和馈赠；而孩子则能充分体验走向目标的过程中的每一个细节、每一件事都可以是充满乐趣的，他随时可以停下来慢慢研究，享受自己在一点一滴的进步中获取力量的成就感。学会享受"慢"乐，孩子的内心才可能被滋养，变得平静而美好。

如果我们把孩子的生命比作一棵植物，把"乐"比作植物生长所必需的水，"快"乐就像一下子给植物浇一大盆水，量很足，但是由于植物只能吸收很少的一部分水，大部分水都流失掉了，它很快又会干渴；而"慢"乐就像滴灌，不间断地有涓涓细流给予植物水分，而且给的量正好跟植物需要的量匹配，植物始终处在一个最合适的生长土壤中。你觉得哪一种"乐"可以更多地给孩子的生命带来滋养？

减"多选"，增"单选"

现在教养孩子时，父母们会面对一个比以往任何时代都更难的情况——信息太多，选择太多。这个时候就需要父母做一个非常重要的选择——要"专"还是"多"？

《弟子规》里说"事勿忙，忙多错"，就是说事情太忙了容易出错，容易失去平和的心态。任何人的时间和精力都是有限的，如果父母往"多"上引导，比如孩子玩的时候面前有很多玩具，报很多的兴趣班，买很多的习题集，一个晚上安排多件事等，往往会适得其反。

一天，我去接阿布放学，在学校门口碰到了他的同学天天的奶奶拎着便当盒等孙子。我开玩笑地跟天天奶奶寒暄："您可真心疼孙子，还带着好吃的来接。"天天奶奶回答道："这是晚饭。我接了天天后直接先去上游泳课，游完泳还有一个书法班，他来不及回家吃饭，只好路上带着。这样也能节约点时间，毕竟上完兴趣班，回家还要写作业和练琴呢。"

什么都想要，什么都想快，每一项任务都想快一点有结果，这种贪多贪快的引导就会让孩子的兴趣分散，内心躁动，结果每一件事情都浮在面上，导致孩子成为"放逸型"。而如果父母有所取舍，更多地引导孩子专一，引导他慢一点、少一点、定在某一个点上去细细体会、研究、积累，孩子就可以更多体验到发自内心的喜悦。最后，你可能会发现，这种喜悦反倒让他更有效率，未来也有更大的可能性。

减"斗闹"，增"清静"

《弟子规》里还有一句对于持敬态度的养成的描写也是极为重要的，即"斗闹场，绝勿近"。在现在的环境中，"斗闹场"比古时候多得多，比如充满了声光电玩具的游乐场、电子游戏厅、KTV、电影院、酒吧等。这些闹哄哄的场地，尽量少带孩子去，年龄越小越要避免去。要多带孩子去大自然中，这更容易让他在内心生出那份恭敬来。

还有一个容易被忽略的"斗闹场"就是家里。如果家里夫妻吵架、婆媳斗嘴、亲子之间每天也鸡飞狗跳，一定会让人心乱。孩子天天在这样的环境里面成长，怎么可能学到持敬的态度，又怎么可能做到内心安定恭敬呢？孩子是从父母那里模仿和学习如何"稳情绪"的，所以父母千万要小心，别把家变成了"斗闹场"。

减"爆发"，增"冷却"

这是一个让孩子控制情绪的技巧，只需要3个魔法数字：1、3、10。当负面情绪来临时，用这几个数字尽量拖住它几秒钟，让它冷却一些。你可以像这样把它们介绍给孩子：

首先在一张很大的海报纸上写下这3个数字，把它们贴在墙上。然后告诉孩子："你一旦觉察到身体给你的警告迹象，比如生气时觉得整张脸快要烧了，害怕时全身微微发抖，着急时手心冒冷汗……这表示你要失控了，马上做3件事。首先，停下来，对自己说'冷静 / 停下来 / 要镇定'，这是1。然后，慢慢地做3次腹式深呼吸，这是3。最后，在心里慢慢地数到10，这是10。"

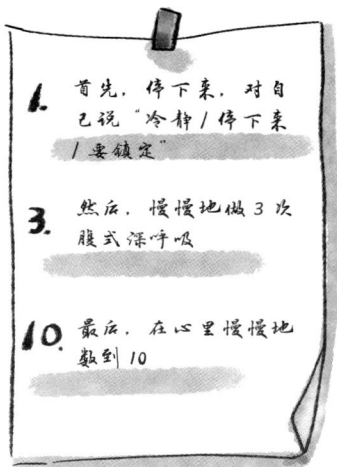

控制情绪的 3 个魔法数字

这个方法特别适用于孩子遇到强烈的负面情绪（比如愤怒、害怕、着急等）的时候，能先借此冷静下来，再恢复控制。当然，这个技巧要在平时多操练，比如看绘本、用玩偶过家家、进行角色扮演的时候，可以模拟出现负面情绪的情况来进行练习，这样才能在孩子产生负面情绪的时候自然用出来。临时抱佛脚很难行得通哟！

4.6 强化持敬的内核：三个练习"定心神"

比控制身体、稳定情绪更高级的持敬体现为能够随时清晰地觉察自己的意识在哪里。我曾经看过一个小故事：

一位行者问老和尚："您得道之前在做什么？"

老和尚说："砍柴、担水、做饭。"

行者问："那得道后呢？"

老和尚说："砍柴、担水、做饭。"

行者又问："那何谓得道？"

老和尚说："得道前，砍柴时惦记着挑水，挑水时惦记着做饭；得道后，砍柴即砍柴，担水即担水，做饭即做饭。"

让注意力和意识关注当下，是正念的核心，也是提升专注力的最佳方法之一。

亲子静心练习

《孩子，我们一起静心吧》一书中介绍了几个静心练习，特别适合你和孩子一起完成，它们可以帮助我们释放负面情绪，改善睡眠质量，更好地放松下来，还可以帮助我们用更加正向、积极的观点来感知世界，从而让我们的情绪更加平和、觉察更加灵敏、内在更加稳定。

练习一：呼吸静心

呼吸是所有静心活动的基础。很多人对专注、定力有误解，认为专注力强、定力强就意味着不会走神、不会被干扰。但真相是我们的主动注意力就像漂在大海里的一艘小船，海浪是不会停止的，就像我们不可能待在一个没有干扰的环境里；在海浪中，小船想要保证不动也是不可能的，它随时有可能漂走。定力强与不强的区别只在于小船的锚够不够稳固：船锚若足够稳固，浪再大，也可以控制船；若船锚不够稳固，船就随时可能被海浪冲走。而呼吸就像我们意识的锚，当意识飘移的时候，呼吸之锚可以控制住意识之船。同时，呼吸也可以清晰地传递身体内部的信号——生气、害怕、疲劳等。不同情况下，你会觉察自己的呼吸是不一样的。呼吸静心就是不断帮我们加固意识之锚，不让我们被脑子中的想法带跑。

这是适用于各个年龄层的静心练习，但在练习时，需要注意要使用适合不同年龄层孩子的方式。如果是学龄前的孩子，可以用一个小毛绒玩具作为"呼吸伙伴"，在他平躺后将其放在他的胸部或者腹部，让他感受把呼吸带到不同的身体部位时的感觉。

练习的步骤如下：

把手放在胸部。

注意当你吸气时，胸部隆起。

注意当你吐气时，胸部回落至正常位置。（暂停）

注意当你吸气时手和胸部的变化。

注意当你吐气时手和胸部的变化。

让念头离开。（暂停）

多吸进一点空气，注意让你的手随胸部上移。

多吐出一点空气，注意让你的手随胸部下降。（暂停）

注意你的胸部充满了空气，就像气球在充气一样。

注意你的胸部慢慢地回落至正常位置，就好像气球在泄气一样。

让念头离开。（暂停）

现在把你的双手平放在肚子上。

注意当你吸气时，你的手随之向上，肚子微微隆起。

注意当你呼气时，你的手随之向下，肚子回落至正常位置。（暂停）

注意你的肚子充满了空气，就好像气球在充气一样。

注意你的肚子回落至正常位置，就好像气球在泄气一样。

让念头离开。（暂停）

每一次吐气，你都觉得内在更平静。

每一次吐气，你都觉得内在更安全。

（注意：每一次暂停相当于2~3次呼吸的时间。）

练习二：彩色泡泡静心

色彩对于孩子来说非常熟悉，能很容易调动他们的感官，用它来练习静心可以非常容易让孩子参与进来。

闭上眼睛，想象你正坐在一个非常大的泡泡里面。

这是一个专属于你的泡泡。

没有人可以进来这个泡泡，除非你说可以。（暂停）

想象一种颜色。

看看有什么颜色从你的脑袋里跳出来，或者你感觉到了什么颜色。

想象泡泡里的空气中开始出现那种颜色，那是一个好可爱的颜色，它让你觉得很安全、很开心。（暂停）

想象你面前的空气变成那种颜色。（暂停）

想象你左右两边的空气变成那种颜色。（暂停）

想象你背后的空气变成那种颜色。（暂停）

想象你头上的空气变成那种颜色。（暂停）

想象你脚下的空气变成那种颜色。（暂停）

那种颜色让你感觉很安全、很幸福、很温暖。

现在，你的泡泡里充满了那种颜色。（暂停）

当你吸气时，想象你把那种颜色吸入体内。

想象那种颜色在你的体内流动。（暂停）

每一次当你把那种颜色吸入体内，就觉得很安全、很轻盈、很快乐。

想象你自己就好像一只气球一样，身体里充满了那种颜色。（暂停）

现在，那种颜色围绕着你，充满了你的身体，你觉得很安全、很轻盈、很快乐。

注意你现在的感觉。（暂停）

当你吐气时，轻轻地睁开眼睛，注意你有什么感觉。

练习三：小苹果（食物）静心

静心可以融入每一天的生活中，除了视觉，味觉可能是孩子每天运用最多的感觉，学会让味觉帮助静心，你和孩子每天都有很多的机会可以做静心练习。

下面，请用一整个或一小块苹果（或任何孩子喜欢的食物）开始这个练习。

把苹果握在手里。

看着苹果，它是大苹果还是小苹果呢？注意颜色，苹果上的颜色是不是每一处地方都一样呢？（暂停）

闭上眼睛。

把苹果放到鼻子前面，它闻起来如何？（暂停）

感觉一下你手中的苹果，它是软是硬，是冰冷还是温

暖？（暂停）

让手指头在苹果上面游走，它的表面是光滑还是粗糙？（暂停）

苹果感觉起来如何？（暂停）

把苹果放在膝盖上，想象帮助这颗苹果长大的一缕缕阳光。

你可以在这颗苹果里面感觉到这一缕缕阳光吗？

这一缕缕阳光感觉起来如何呢？（暂停）

想想所有落在这颗苹果身上、帮助它长大的雨。

你可以想象这些雨吗？

这些雨感觉起来怎么样？（暂停）

想象生出这颗苹果的苹果树。你能想象这棵树吗？

它有多高呢？

这棵树感觉起来如何呢？（暂停）

现在咬一口。苹果味道怎么样？它是凉凉的还是甜甜的？（暂停）

听你吃苹果时所发出的声音。（暂停）

花一点时间，对这颗苹果充满好奇，去感觉一下吃它是什么感受。

吃完以后，吸气，再吐气，然后慢慢睁开眼睛。

静心练习的注意事项

1. 做静心练习时，一定要找一个不被打扰的房间，关掉手机。将静心练习的环境布置成让你和孩子都感觉舒服的地方，可以躺，可以坐，可以站，尽量不穿鞋。如果发现躺着容易睡着，那就选择坐或站。

2.带孩子做静心练习之前，一定是父母先体验过，再带孩子一起做，而不是盯着孩子自己去做。为大家提供的引导词内容最好父母自己先熟悉一下，这样做静心练习时，可以根据你们当时的情况，随时调节引导的节奏、速度、音量、情绪等。

3.亲子静心练习没有特别的频率规定，但建议从几分钟的简短呼吸静心练习开始。我们可以选择每一天的固定时间做，也可以在任何你们想做的时候行动。同时，要考虑孩子的年龄，如7岁以下的孩子每次做5~10分钟，时间可以随着孩子年龄的增长和适应能力的变强而逐渐拉长。

孩子拥有持敬的态度，也就意味着拥有觉察和控制自己"心念"的能力，不轻易为外界影响。父母可以带着孩子从**"静下来，慢中乐；定得住，有觉察"**开始，让孩子在不断地练习后逐渐成为专注而坚定的人。

一颗专注而坚定的心，何惧未来命运莫测？

第五章

求诚：让孩子更好地成为自己

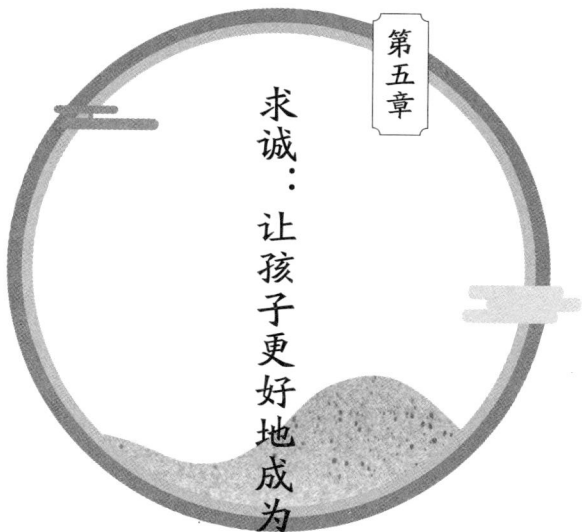

所谓诚其意者，毋自欺也。如恶恶①臭，如好好②色，此之谓自谦③。故君子必慎其独④也！

——《礼记·大学》

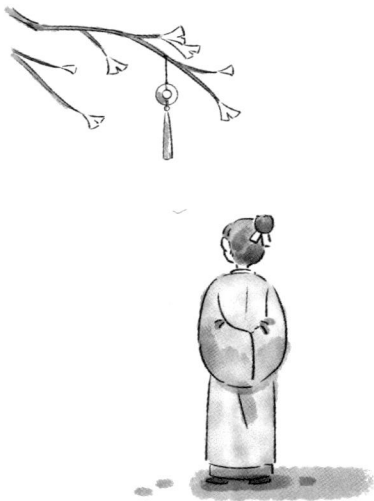

【注释】

①恶恶：前一个"恶"字作动词，读作"wù"，厌恶；后一个"恶"字作形容词，读作"è"，难闻的。②好好：前一个"好"字作动词，读作"hào"，喜好；后一个"好"字作形容词，读作"hǎo"，美丽的。③谦：同"慊"，满足。④独：一个人独处的时候。

【译文】

所谓要使意念真诚，就是不要自己欺骗自己。就像厌恶难闻的气味、喜好美色时的率性反应一样，这样才算是满足自己的心意。所以，凡是有道德的君子，在一人独处的时候，务必要小心谨慎地注意自己的言行举动。

5.1 皇帝的新装：你和孩子有"自欺"心态吗？

现在教育中流行一句话——"让孩子成为更好的自己"，而中国传统文化则相信每个人"本自具足"。所以在"极简教养"体系中，我们更提倡"让孩子更好地成为自己"。做到这一点的前提是一个人要对自己足够真诚和诚实。

如果你采访 100 位父母，可能 99 位都会认为"诚"是极其重要的品质，他们也会在教养孩子的过程中对孩子提出"诚"的要求，但实际上，不论是父母还是孩子，日常生活中都充斥着"欺"的行为，尤其是"自欺"。

"自欺"的三副面孔

2022 年 6 月，彬彬爸爸参加了"极简教养"父母训练营。彬彬爸爸是一位律师，在训练营的小组分享中，他说自己最受不了的是 9 岁的孩子经常满嘴"跑火车"，自欺欺人：

明明没有写作业而是在玩手机，偏偏要说自己写完了；

明明没有学会或者做不到某件事情，硬要说自己能做到；

用爸妈手机里的钱买游戏装备，但却说没有；

周末或者假期，自己说已计划好了要完成的作业，等爸妈下班回家时还一点都没有做；

说好了每天按时起床 / 睡觉，坚持锻炼身体，但一到时间就找出各种借口磨蹭或推脱；

考试不理想，总是说"××题我本来会，结果因为粗心做错了，要不然以我的实力肯定能进前几名"……

彬彬爸爸的烦恼在小组里激起了千层浪，父母们纷纷说："我们家也有同款孩子！"

在"极简教养"体系中，我们把这一系列行为表现称为"自欺相"。自欺者，往往表现出虚伪的状态，即不真实、不实在、虚假等。孩子的"自欺相"在日常生活中常常呈现出三副面孔：

第一副面孔是**没有原则**，找各种理由原谅自己而责怪别人。

第二副面孔是**说话不算数**，犯错后不长记性而且觉得无所谓。

第三副面孔是**不经确认就轻信**，为人虚浮、不务实，做事不靠谱。

如果你也经常在孩子身上观察到这三副面孔，不妨跟我一起思考两个问题：孩子初来这个世界时，原本是"真"或者"诚"的代言人，代表着天真无邪，所以在《皇帝的新衣》中，只有孩子会喊出"他什么衣服也没有穿"，那么孩子为什么会在成长的过程中慢慢呈现出"自欺相"呢？

我们曾经在3~12岁的孩子中做过调研，关于"为什么说谎"，孩子们回答得最多的一个答案是："我怕说出来，妈妈/爸爸/老师会生气，会被他们批评/惩罚。"这个回答揭示了孩子的"自欺相"是如何一步一步发展出来的。

"自欺相"形成的首要条件，是孩子在成长的过程中，由于成年人某些不恰当的反应，让他在内心形成了"我不行""我不够好""我不对"的自我评价。比如：

孩子弄坏了某个东西后告诉父母，结果父母顿时火大："怎么这么大了，还这么笨手笨脚呢？"

孩子不会某个知识点，去询问老师，却被一顿嘲讽："这么简单的题，别人都会了，怎么就你学不会？"

孩子总是会有意无意地被拿来做比较："××跟你一样大，人家钢琴都过十级了。""听说××这次考试又考了第一名，你要多向人家学习。""你要是有××一半努力，我就谢天谢地了。"

长此以往，孩子就会觉得自己的能力达不到某一个"好"的标准。

"自欺相"形成的第二个条件就是孩子面对着一个强势的压力源，这个压力源可能是父母、老师，也有可能是某一位权威人士。孩子通常非常渴望得到他们的认可和喜爱，但由于上一个条件的存在，他会得出一个结论：自己如果不够"好"，就不会被认可和喜爱。所以在这个压力源面前，他自己也会非常焦虑。为了调节或者避免焦虑，他一旦认为自己可能达不到"好"的标准，就会采取逃避、推卸或者掩盖的策略。

美国著名儿童心理学家海姆·G.吉诺特在分析儿童说谎的原因时说：**"说谎是儿童因为害怕说实话挨骂而寻求的避难所。"**说到底，"自欺"是孩子发展出来的自保之道：如果能蒙混过关，避免惩罚，甚至得到表扬，让自己感觉更好，为什么不这么做呢？毕竟人的本能就是趋利避害，所以他选择了欺人又自欺。一次、两次、三次……一旦这种策略奏效，孩子便会发展出越来越"高明"的技能，可以找各种理由应付压力，原谅自己，久而久之形成习惯，便有了"自欺相"。

在"极简教养"体系中，我们把那些不符合孩子身心发展规律、看不见其特质和现实情况而定下的"好"的标准都叫作"虚荣"。父母和权威人士若追求"虚荣"，孩子也只能追求"虚荣"，于是大家都只关注表面上快一点呈现结果，而不愿意实实在在沉淀。所以，我们说孩子的"自欺相"都是"虚荣"惹的祸。

"自欺"心态测评

很多家长跟我表达过疑惑："我们从小就教育孩子要诚实、要诚信，可现在他动不动就说谎、吹牛，这些毛病也不知道是跟谁学的？"其实，家长自己每天也会表现出很多"自欺"的心态或行为，只是没有意识到而已。你可以做一个简单的测评，看看自己和孩子是否有这些平时没留意到的"自欺"心态。

评分后，我强烈建议你把这两张表放到一起做个对比，也许你就能解开本小节一开始提到的父母心中的疑惑了。英国著名教育家约翰·洛克曾说：**"说谎在形形色色的人群里很盛行，要使儿童不看到、不听到别人说谎非常困难。孩子经常看到、听到别人说谎，又怎么会不学？"**

父母的"自欺"心态测评表

序号	题目	评分（1分表示从不，5分表示总是）
1	在孩子面前，你是否常常抱怨工作、生活等方面的问题？	1 2 3 4 5
2	你是否常常对孩子发脾气，却认为这是出于对孩子的爱？	1 2 3 4 5
3	你是否经常批评孩子的不足，而忽略了他的优点？	1 2 3 4 5
4	你是否会希望孩子实现你自己未能实现的梦想，而忽略了他可能有自己的想法和梦想？	1 2 3 4 5
5	你是否会因为自己的疏忽或错误而对孩子撒谎，以掩盖自己的疏忽或错误？	1 2 3 4 5
6	你是否会用孩子的表现来展示自己的能力和价值？	1 2 3 4 5
7	你是否常常把孩子的表现和成就与其他孩子进行比较，以期望他们能够胜过别人？	1 2 3 4 5
8	当孩子提出某个问题或者请求时，你是否会自以为是地认为你知道孩子需要什么，而忽略了认真倾听孩子的意见和建议？	1 2 3 4 5
9	你是否常常为了达到一些教育"效果"而欺骗或恐吓孩子？	1 2 3 4 5
10	你是否常常轻易答应孩子的请求，但到需要履行承诺的时候又会找借口不执行或推脱说"下一次"？	1 2 3 4 5

孩子的"自欺"心态测评表

序号	题目	评分（1分表示从不，5分表示总是）
1	当孩子犯错误或与别人发生冲突时，是否容易责怪别人或归咎于环境，而不愿意承担自己的责任？	1 2 3 4 5
2	孩子是否经常夸夸其谈，喜欢说大话、与人攀比？	1 2 3 4 5
3	当孩子面对失败或挫折时，是否会过度自责？	1 2 3 4 5
4	孩子是否对自己的成就或表现过于自信，而不愿听取别人的意见或建议？	1 2 3 4 5
5	当孩子遇到有挑战性的任务或活动时，是否会逃避？	1 2 3 4 5
6	孩子是否总是倾向于追求短期的快乐和享受，而忽略长期的目标和价值？	1 2 3 4 5
7	孩子是否经常用借口或说谎来逃避责任？	1 2 3 4 5
8	孩子是否会在被指出错误或不足时极力狡辩？	1 2 3 4 5
9	孩子是否常常轻易给出承诺，最后又无法做到？	1 2 3 4 5
10	孩子是否经常在学校或家中出现消极抵触、无动于衷或者懒散的情况？	1 2 3 4 5

5.2 诚其意，毋自欺

当我们可以坦然看见自己和孩子身上的"自欺相"和"自欺"心态，自然会寻求改变。在"极简教养"体系中，我们调整的方向和思路依然遵循"长善救失"的理念,从"自欺"的反面——"求诚"入手来进行转念和转变。

如何理解"诚"?

《说文解字》中说:"诚,信也。"《康熙字典》中说:"诚,纯也,无伪也,真实也。"如果把"诚"字拆开看,左边是个"言"字旁,右边是个"成",表示"说"那些已经完成了、做成了的事才叫"诚"。如果你谈论的都是一些没有完成的事,甚至把没完成的说成已经完成了的,这就是装模作样、弄虚作假,当然也就是"不诚"了。所以"诚"的第一层含义是诚信,即待人以诚。

"诚"的字形演变

"诚"是《中庸》的核心,在三四千字的《中庸》里面就出现了20多次。《中庸》里讲的"诚"是指自然流淌出来的人性中的本善和本真。尽管人的天性本善本真,但人有时会因为一些不良习气(比如虚荣、骄傲、讨好、自卑等)的作用而使内在的本善和本真无法自然流淌出来。如果我们能改掉那些不良习气,也就达到了"诚"。这也就是"诚"的第二层含义——真实无妄,内外一致。

"诚"不是一个道德律令，也不是外在的要求，而是我们内心的需要，是天性的一部分。

所有父母都希望孩子能够完全发挥自己的天赋和潜力，为自己的人生创造更多可能性和价值。但问题是，在无法控制的大环境中，怎么才能让孩子最大程度地发挥出他的天赋和潜力呢？现代的教育学和心理学都在解决这个问题，也有了很多途径和方法，而我们的先人早就给出了一个解决方案——"惟天下至诚，为能尽其性"，意思是，**只有极端真诚的人，才能充分发挥他的本性。**

从这个角度来说，父母能给孩子最好的教育就是和他一起"求诚"，**即成为真诚的父母，教养真诚的孩子。**

反身"求诚"

《中庸》中说"诚者，不勉而中，不思而得，从容中道，圣人也。诚之者，择善而固执之者也"，也就是说，不用勉强、不假思索就能懂得诚的状态，从从容容就能符合中庸之道的人是圣人，而普通人想要努力去做到诚，要选择善并坚持去做到善。所以各位父母如果觉得自己之前没完全做到"诚"，也大可不必懊恼或沮丧，毕竟我们不是圣人，对于我们普通人来说"诚"是一个进行时，而不是完成时，只需要持续朝着"诚"的方向走就好了。

那么"求诚"是向谁求呢？是向自己求。要经常地去链接自己内在的本善，通过反省让善的力量不断增强，等到善的力量大过不良习气的阻力时，就会凸显出来，流露在言行举止中。按照这个思路，只要我们在做任何事情的时候都能保持对内心真正的善恶的觉察，就是在链接自己内在的本善了。

比如，你对孩子大发脾气甚至动手后，内心会觉得自己做得不对、不好，这是你的真心。但往往父母不愿意承认自己做得不对，毕竟面子上有点下不来台，所以常会掩饰说"我也是没办法了，这样也是为孩子好"，这个想法就是不良习气，会阻止我们内在的"善"流露出来。如果父母这个时候能把自己的真心表达出来，说一句"我做错了，对不起"且不再有其他解释，这就是走在"求诚"的路上了。

突破自己固有的习气往往是最难的，《高效能人士的七个习惯》这本书里，用过一个很形象的比喻：突破自己的固有习气就如同火箭上升后的前两三分钟，这期间消耗的能量比它后来在轨道当中运行十几万千米所消耗的总和还要多，所以开始的时候需要一份大的勇气和决心。为了帮助父母和孩子拥有这份勇气和决心，在"极简教养"父母训练营里，我会教给大家一句"求诚"的"能量语"来帮助大家时常进行自我提醒：

斩虚荣，不掩饰；反身求，取信己。

无论是父母还是孩子，内心都是"善"的。但如果你明明知道什么是对的，却总是欺骗自己，不按对的去做，失信于自己，就会越来越焦虑，内心负"债"累累，进而产生很多的负面情绪。父母都希望孩子自信，然而真正的自信不是别人夸出来的，而是每一次遵循自己内心"善"的指引，做对的事，一点一滴积攒出来的。这种自信是孟子所说的"浩然正气"，是最有力量的自信，是"求诚"的结果。

5.3 看清事实才会进步：做好两件事，你就是"求诚"的父母

"求诚"的基础是陈述事实

达到"诚"并不容易，但是持续不断地"求诚"却是每个人都可以去做的。我们可以从打好"求诚"的基础做起，即陈述事实、实事求是。

你可能会说，陈述事实还不简单吗？其实不然，陈述事实可是极具迷惑性的，一不小心就会出问题。我经常收到家长的咨询，他们常常是这样提问的：

"老师，我们家孩子特别调皮，怎么办？"

"老师，我们家孩子太好动了，怎么办？"

"老师，我们家孩子很内向，怎么办？"

"老师，我们家孩子跟其他孩子在一起时总是动手打人，怎么办？"

"老师，我们家孩子的注意力不集中，怎么办？"

你们谈论孩子的时候有没有提过类似的问题或者用类似的句子描述过孩子呢？这些问题、描述是不是在陈述事实呢？当然不是！如果这些"坑"还比较容易被识别出来，那我们继续看看更隐蔽的陷阱。

比如，那位说孩子太好动了怎么办的妈妈，我就请她描述一下孩子怎么好动。这位妈妈是这样说的：

"他每天从早到晚，只要睁着眼睛，一刻都不消停，一直在屋里跑，在沙发上乱蹦乱跳。"

请大家仔细想想，这个回答里面哪些分句是在陈述事实？严格来说，这几个分句没有一句是在陈述事实，都是在描述感觉和主观评价。

"从早到晚"，从多早到多晚？

"只要睁着眼睛，一刻都不消停，一直在屋里跑"是真的吗？没有坐下来或停下来的时候？

"在沙发上乱蹦乱跳"，蹦就是蹦，跳就是跳，什么叫乱蹦乱跳？

我们习惯用一个观点或评价去描述另一个观点或评价。如果我们大人陈述事实都这么困难，更何况孩子呢？可能很多被定义为撒谎的行为，只是孩子"真实"地描述了他的观点或评价。比如，今天老师说孩子在学校跟同学发生了冲突，你回来想了解一下情况，就问他在学校发生什么事情了，他的描述可能是这样的："他动不动就欺负我，然后我就动手了。"你看"欺负""动不动"这些词都是观点或评价，而不是事实。

所以，"求诚"的基础是学会陈述事实。这不仅仅是态度的问题，还是很重要的能力。如果不能掌握这个能力，"求诚"就无从谈起。今天介绍两个方法，让你和孩子一起来提升陈述事实的能力。

识别"非事实路标词"

第一个方法叫作**"识别'非事实路标词'"**。哪些是非事实路标词呢？比如"总是""经常""永远""一直""每次""从不""我觉得""应该"等。当我们在沟通的时候，如果使用这些非事实路标词，很容易引起听者情绪上的对抗，就无法聚焦于实事求是地解决问题了。

比如，今天老公下班有应酬，快晚上 12 点了才到家，进门你就说："天天都回来这么晚。"他可能马上就会反驳："我哪有天天回来这么晚？昨天不就是下班后就直接回家了吗？"这样就很容易进入争论与对抗状态了。

那该怎么做去避免使用"非事实路标词"？觉察是改变的第一步。你可以使用反省、请亲朋好友和同事反馈的方法，先做一张"非事实路标词"记录表，然后就从今天开始，一旦觉察到自己说了这类词语，就记一分，看看从早上起床说第一句话，到晚上睡觉，自己能得多少分。有了觉察，才有机会对自己喊暂停，减少这些词被说出口的次数，同时将它们替换成描述事实的词。如何替换呢？这就要用到第二个方法了。

"人事时地物"描述法

用**"人事时地物"**描述法陈述事实的方法其实我们在小学语文课上就学过。要描述一件事，就要回答清楚这几个问题：**谁？什么事情？什么时间 / 频率？在什么地方？对象是什么？**

还是用前面那位说孩子太好动的妈妈的描述来举个例子。

我让她跟我描述一下孩子一天的作息是怎样的：从早上几点起床开始，几点吃饭、吃什么、吃饭时的表现，几点钟在玩什么、跟谁一起玩以及玩的时候孩子的语言、行为等。当我这样提问的时候，妈妈在其中卡壳了五六次，她说她也记不太清楚了。但是问完这些问题后，妈妈突然感叹好像孩子也没有那么"好动"。你看，这就是事实的力量：当你开始陈述事实，"求诚"就自然启动了。

同样，我们也可以用这个方法来帮助孩子练习观察和陈述事实。比如，老师打电话告诉你，孩子在学校和别人发生了冲突，回家你希望向孩子了解事情的经过，可以怎么提问呢？

"你们发生冲突是在什么时间？"

"当时你说了什么？他说了什么？"

"你说'动不动'，这一周还发生了其他事情吗？你记得发生了几次？分别是什么时间？"

"他是怎么欺负你的？"

"他说了／做了什么的时候，你动手了？"

这些问题，可以帮助孩子回到场景中寻找事实，而不仅仅停留在自己的情绪和主观评价之中。

"求诚"需要基于事实来讨论问题，这是非常重要的能力。如果我们可以对孩子进行客观观察并与他展开基于事实的沟通，他自然会尊重事实、陈述事实。所以，下次当我们去指责孩子自欺或者欺人时，先想一想他是不是可能还没有了解什么是事实，什么是观点和评价。

5.4 不"双标"，有原则：成为孩子内外一致的榜样

如果孩子非常清楚事实，但还是选择了自欺欺人，该怎么办呢？这时候就需要检查和反思一下他是从何处习得这样的行为的。若希望孩子"求诚"，父母就需要"统一标准"。"统一标

准"有两层意思，第一层意思是父母对外展现出来的，对自己和对孩子的标准和要求是一致的，不会"双标"——对孩子苛刻，对自己放松；第二层意思就是父母想的和说的、做的是一致的。

不做"双标"父母

我在咨询中遇到过一个初二的孩子跟我诉说自己父母"双标"。怎么回事呢？在大人聊天的时候，如果他参与了，父母就会说"大人说话，小孩子插什么嘴"；如果他沉默不语，自己干自己的事情，父母又会说"你为什么不愿意跟大人沟通？"其实类似这样让孩子迷惑的"双标"行为还有很多，比如：

你告诉孩子不能撒谎，但休息日在家里接到老板的电话，让你处理一件事，你说现在在外面，不太方便；

你告诉孩子要注意交通安全，过马路要等绿灯，但有一天你带着孩子过马路，发现马路左右两边都没有车，虽然人行道上是红灯，你还是拉着孩子的手过了马路；

你告诉孩子要遵守规则，孩子的身高已经略超过了一米四，但去公园或者坐公交的时候，你会说孩子还没到要购票的身高，就直接混进去；

你告诉孩子不要在背后说人坏话，但在家里会吐槽亲戚的各种不好；

你告诉孩子要信守承诺、说到做到，但你答应陪他去游乐场的事被一推再推……

这些"双标"的行为，很容易让孩子感到困惑，不知道按照什么标准去思考和行事。最终他很可能选择最有利于眼前情况的标准，久而久之就会变得说话不算话、耍小聪明、虚浮、不务实。

《韩非子》中记载了一个曾子杀猪的故事。曾子的妻子要到集市上去，她的儿子跟在后面边走边哭。曾子的妻子对儿子说："你先回去，等我回来后杀猪给你吃。"妻子从集市上回来后，曾子想抓只猪然后杀了它。他的妻子马上阻止他说："我只不过是跟儿子开了个玩笑罢了。"曾子说："不可以与儿子开玩笑。儿子什么都不懂，他只学习父母，听从父母的教导。现在你欺骗了他，这就是在教育他欺骗人。母亲欺骗儿子，儿子就不会再相信他的母亲了，这不是正确教育孩子的方法。"于是曾子就杀猪煮给孩子吃了。

我们的传统文化非常强调父母的以身作则和言传身教。所以父母若希望孩子"求诚"，自己也要有意识地"求诚"。

内外一致莫自欺

上面列举的"双标"情况，只要稍稍留意，相信各位家长都是比较容易识别出来的，但还有一种内外不一致的情况，隐藏得更深。

有一次，一位妈妈问我孩子写作业时总是会抄答案，不管她怎么强调题不会做或做错了都没关系，孩子还是会想方设法地抄答案，这是为什么？我回问家长，虽然你说了题目不会做、做错了都没关系，但他如果真的错了很多，比如10道题中错了7~8道，你扪心自问，你当时心里的真实想法是什么？你会怎么做？这个妈妈先是愣了一下，说孩子也不至于错这么多吧。我继续追问，假如呢？假如就错了这么多呢？这位妈妈沉默了一会儿，最后说如果真错了这么多的话，还是有点

109

接受不了的，要是订正这么多错题，她肯定很容易崩溃和发火。

说到这里，就很容易理解孩子的做法了。孩子往往比我们以为的更敏锐，如果父母心里想的和嘴上说的不一致，他便不会听你怎么说，而是看你心里想要什么，为了达到你所想，甚至不惜自欺欺人。曾国藩曾说："自修之道，莫难于养心。心既知有善，知有恶，而不能实用其力，以为善去恶，则谓之自欺。"所以父母们要尽量做到内外一致，不要自欺，成为孩子的榜样。

《中庸》多次强调"慎独"，意指在无人监督之处依然谨慎行事，遵守道德准则，表里一致，严格要求自己。《杰出青少年的7个习惯：美国杰出青少年训练计划》一书中同样明确指出，所谓自我领导力就是在无人看见之处依然做正确的事。这就是"求诚"养育出的品质，是真正的君子品质：不是为了表扬、利益、好的结果，只是为了内心的善。这样的人有巨大的力量，也更可能成大事。

5.5 会犯错才会成长：面对孩子犯错时的"两不"和"两要"

除了父母自修，我们当然也有方法教孩子"求诚"。最好的机会就是在孩子每一次犯错时，父母智慧地"纠错"。

前面我们仔细地分析了为什么孩子会呈现"自欺相"，要避免这个问题，父母首先要具备四种态度，我将其归纳为"两不"和"两要"。

"两不"：不问"为什么"，不逼着认错

首先，当孩子犯错的时候，不问"为什么"。家长们听了觉得很奇怪，为什么不能问"为什么"呢？先来看几个场景：

孩子把牛奶打翻在地上，你问："你为什么把牛奶打翻了？"

孩子跟其他小朋友抢玩具，你问："你为什么要抢别人的玩具？"

孩子忘了完成数学作业，你问："你为什么忘了完成数学作业？"

孩子上课不守纪律，老师告诉了你，你问："你为什么上课不守纪律？"

孩子考试考砸了，你问："你为什么没有考好？"

请家长们自行代入一下，如果你是孩子，面对这些问题时，你会怎么回答？你作为家长，又会期待得到什么样的答案？

其实这些"为什么"真的很难回答。当我们质问孩子为什么要干这件错事的时候，一方面，孩子的情绪会变得非常沮丧或者恼火。年龄小的孩子根本不知道为什么会犯错。对于大一点的孩子来说，他会觉得这个问题等同于在问"为什么你这么糟糕"，这很容易激起他强烈的情绪反应，反过来又影响你的情绪。另一方面，有时候孩子为了配合你的问题，只能现编一个理由给你，而且他要编一个按照他的经验来看是能够糊弄得过去的一个理由，这样就能避免被惩罚。所以问"为什么"这个问题实际上就在诱惑孩子撒谎或者找一个借口。这样看来，问"为什么"没好处，只有坏处，那就不要问了。

其次，不逼着孩子认错。这可能又有点颠覆三观，错了难道不该认吗？我在过去十几年跟家长和老师打交道的过程中发现，很多家长和老师会执着于孩子认不认错，以及说出"对不起""我错了"这几个字。

记得有一次，我在一所幼儿园驻园指导，下午自由活动的时候，看到两个小女孩小米和妮妮在娃娃家区域玩。玩到一半，妮妮看中了小米手中的一个打针玩具，就一把从小米手中抢了过来。小米试图拿回来，但无奈力气不如妮妮大，只好带着哭腔跟老师告状。

老师过来就问妮妮："你为什么要抢小朋友的玩具呀？"

妮妮低头不语。

老师："你觉得抢玩具对吗？"

妮妮摇了摇头。

老师："那你应该跟小米说什么呀？"

妮妮小声说了句："对不起！"

老师："那你把玩具还给小米，下次还抢小朋友玩具吗？"

妮妮又摇了摇头。

老师："嗯，真好。那你们还是好朋友，对吗？"

小米跟妮妮都轻轻点了点头。

大家看完这段对话后有什么感觉？熟悉吗？是不是在家里、小区里、学校里都能见到这样的对话？但这样的对话真的有用吗？孩子又从中学到了什么呢？我见过幼儿园里的孩子一边打着其他小朋友，一边笑着说"对不起"，把这个当成了游戏；我也见过初中的孩子就是不认错，导致父母的情绪升级，最后对孩子一顿拳打脚踢，两败俱伤。所以，不要逼着孩子认错。认错跟他们真正从错误中学习完全是两码事。

不管是问"为什么"还是逼着孩子认错，这个错误都有可能会不断重演。那如何才能让错误带来价值，不白白"浪费"孩子的犯错呢？

"两要"：要为错误欢呼，要用行动弥补

面对孩子的犯错，家长要怎么做才能使其成为"有效犯错"呢？

首先，要在心理上真的认同错误是孩子学习和成长的机会。有了这个信念，父母的心态才有可能发生转变——为错误欢呼。试错是孩子的学习途径，没有错误，孩子就不可能成长。犯了错误，却得到一个成长的机会，当然值得庆祝。父母要做的就是好好利用这个机会，给孩子做示范，让孩子从中学习。

接着就是如何智慧纠错——用行动弥补了。在我们"极简教养"父母训练营中有一个特别好用的**定、省（xǐng）、改三步法**。

看到孩子犯错误，作为父母或者老师，第一步"定"常常是最困难的。这一步就是要让你的情绪保持镇定，认真地去倾听，哪怕有些错误确实让你的情绪非常激动。比如，孩子打翻了一杯水，正好洒到你的电脑上，导致电脑开不了机。这时，你可以跟孩子说"我们过半个小时再谈"。

第二步——省：设法去搞清楚发生了什么。这里又需要用到陈述事实的技巧了。你要知道孩子内心的情绪是什么，他有什么

样的想法，并且帮助他去弄明白做这件事情的原因是什么，实际带来的后果是什么。这一步要特别注意让孩子多说，父母不要急着给出自己的答案和分析。

最后一步——改。通过第二步的体验和分析，孩子真正知道了错误和影响是什么。接下来就要去改正错误。有的错误需要弥补，有的错误需要用一些方法以避免下次再犯。

孩子把牛奶打翻在地上，就带着孩子或者让他自己打扫干净；

孩子跟其他小朋友抢玩具，就带着他示范和演练想要玩具或者想跟别人一起玩的时候如何与同伴商量，以及被拒绝了怎么办；

孩子忘了完成数学作业，就跟他一起讨论做些什么可以避免遗忘；

孩子上课时不守纪律，就跟他讨论并提前演练在课堂上有无聊的情绪时、注意力跑掉时如何处理；

孩子考试考砸了，就跟他一起分析哪里还可以提升。

你可以和孩子一起头脑风暴，并且评估不同方法的可行性，最后选择孩子目前能做到的方法加以采用。而整个"改错"的过程，都不是把孩子一个人推出去，而是陪着他共同面对。这样他才有力量真正地去面对错误、改正错误。

曾经看过一则新闻：一个孩子在超市里偷拿了一包糖果，爸爸就把他送到警察局去吓唬他。然而，这种方式只会让孩子感到羞耻和害怕，让他更没有勇气和力量去面对未来的错误。

如果孩子真的做到了从错误中学习并有所进步，那我们就要为他庆祝；如果孩子暂时还是没有做到，我们就重新定、省、改三步走，继续寻找解决之法。总之，请所有父母记得：**和孩子一起打败错误，而不是和错误一起打败孩子！**

5.6　有相信才会有转变："黑白大臣"对话法

如果我们希望孩子拥有"求诚"的勇气和力量，还可以采取"黑白大臣"对话法。这个方法更适合学龄阶段的孩子。

比如，发现孩子在某一个问题上反复地犯错、撒谎，想蒙混过关。面对这样的情况，父母要坚定地相信孩子是知道是非善恶的，但是可能因为恐惧、担心或其他原因，他目前还不能勇敢地去承担责任。

在"极简教养"父母训练营里，我们会教父母用"黑白大臣"对话法给孩子赋能，从态度上给孩子力量。这个过程是通过问孩子三个问题来实现的：

第一个问题：你心中住着黑白两个大臣。白大臣总是支持你按照原则和正确的方法做事；黑大臣总是怂恿你偷懒、逃避或者撒谎，按照错误的方法做事。你能分辨出他们的声音吗？

第二个问题：假如你是王，希望把自己的王国管理得更好，你会更愿意听白大臣还是黑大臣的劝谏呢？

第三个问题：如果黑大臣的声音更大，你可以怎么做呢？

举个例子：暑假，孩子计划好了一天要完成的作业，结果等爸妈下班回家后还一点都没有做。

怎么用这个方法来提问去引发孩子思考呢？

1. 你心里的白大臣今天一定一直在劝你赶紧完成作业，然而黑大臣可能一直在劝你休息、玩一会儿、晚上再做，你能听到他们两人争吵的声音吗？

2. 如果你是自己的王，暑假想要过得更舒心、更充实，你更愿意听谁的呢？

3. 今天黑大臣的声音似乎有点大，把白大臣的声音盖过去了，你有什么办法可以帮白大臣一把吗？

经过这样的提问、反思之后，再和孩子想办法进行调整。

这种教育方法有效的前提是父母坚信孩子内心"本自具足"，有一颗向善的心，有一颗坚持原则的心，即孩子明白什么是正确的。这份坚信是基础，如果父母压根不相信孩子会做出正确的选择，觉得他的心中不可能有白大臣，就算语言上这么问，也有可能引来孩子故意"唱反调"的回答。

父母的内在相信"善"、看到"善"，孩子就会呈现"善"；父母的内在相信"恶"、看到"恶"，孩子就会呈现"恶"。

真心希望每一个孩子的本善都能自由流淌，每一个孩子的天赋和潜力都能最大程度地被发挥，每一个孩子都能因求诚而更好地成为自己！

第六章

舍得：让孩子具备利他共赢的领袖格局

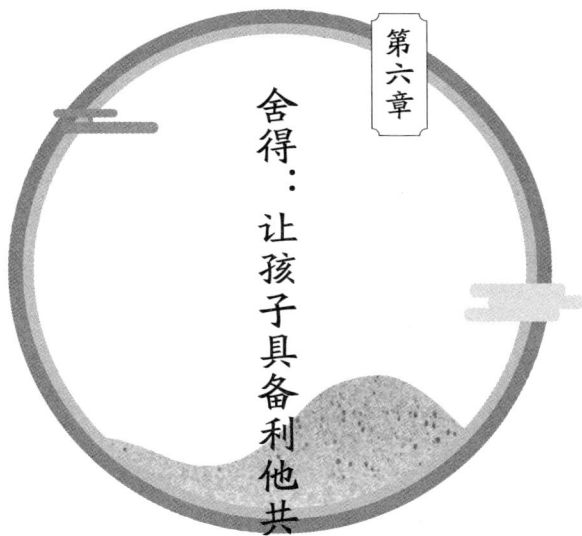

夫仁者，己欲①立②而立人，己欲达③而达人。能近取譬④，可谓仁之方也已。

【注释】

①欲：想要。②立：站得住，立足。③达：通达、显达、富有。④能近取譬：能够用自己的事情来打比方，比喻能推己及人。

【译文】

有仁德的人，自己想站得住（指立身），则使别人也站得住；自己想行得通（指事业通达），也让他人行得通。凡事能从切近的生活中将心比心，推己及人，可以说这就是实行仁道的方法了。

6.1 匮乏的孩子才斤斤计较

这几年，育儿理论中有个高频词——格局。孩子未来的舞台是面向全世界和全人类的，要在这样的大舞台上展现出无限可能，必须有与之匹配的眼界和气概，即格局。有格局的孩子更有利他、共赢的精神，能更好地发展出与他人协作的社会能力，而这些正是在 AI 时代生存所必备的核心能力。

所以作为父母，教养要有格局，警惕一不小心就养出了孩子的"小器相"。

不可不察的"小器相"

我在"极简教养"体系中特地用了"小器"而非"小气"。北京潭柘寺弥勒佛像旁有一副有名的对联，上联写着"大肚能容，容天下难容之事"。人的内心就像一个器皿，器皿有大有小。器皿越大，就能容纳更多元的人、事、知识、经验以及智慧，自然就有更大的格局；反之，器皿小，能容纳的就非常有限，自然呈现出"小器相"。

那如何能从孩子的日常行为中识别出"小器相"呢？父母可以关注孩子身上是否有以下三个特征：

特征一：喜欢独占好东西，不愿分享，爱占小便宜，看重眼前的利益，斤斤计较。

上大班的可可的口头禅就是："这是我的，谁都不许……"如果饭桌上有喜欢的菜，她就把盘子端到自己面前宣布："这是我的，谁都不许吃！"她要在沙发上玩的时候，会说："这是我的，谁都不许坐！"在幼儿园里，有喜欢的玩具，她会抱在手里说："这是我的，谁都不许玩！"

特征二：听不进批评和不同意见，难以容忍失败，喜欢批评或贬低别人，看不到别人身上的优点。

小华是一名四年级的小学生。有一次，班级里举办了一场作文比赛，同学们都积极参与，小华也投入了很多心思，写了一篇作文。但当老师公布比赛结果时，小华发现自己没有取得名次，心中充满了失落和沮丧。老师注意到了他的情绪，单独跟小华沟通，告诉他作文中有哪些可以改进和提高的地方，也建议他去看看其他同学的作文。然而，小华听到这些话后非常愤怒，他认为是老师的评分标准有问题，还贬低其他同学的作文，说他们写得也没好到哪里去，并且说自己以后再也不参加这种活动了。

特征三：缺乏利他的精神和同理心。

晓睿和悦悦从小学开始就是同学，现在又升入了同一所初中的同一个班级。她们两人的成绩都很不错，都是班级前五名的常客。但二人又有各自更擅长的学科：晓睿数学更好，悦悦的英语更稳定。马上要到期末考试了，晓睿心里暗暗定了目标：这次期末考试一定要比悦悦考得好。一天，悦悦想借晓睿的数学笔记看看，晓睿担心自己的"秘籍"被悦悦学了去，就找了个理由搪塞过去，拒绝把笔记本借给她。之后的整个期末复习期间，晓睿都故意避开悦悦，悦悦每次想跟她讨论数学题时，她都说："我也不会。"

作为父母，千万不要以为这些是小事，认为孩子长大懂事后自然就会改。"小器"不会自己变"大"，而需要借由父母之手，经过长期的雕琢、铸造甚至重塑，才能成为"大器"。

"小器相"，环境养

孩子身上出现"小器相"，多半是受到成长环境的影响。有强烈的匮乏感是这类孩子身上的共同点。你可能会问，现在孩子的生活条件这么好，吃的、穿的、用的什么都不缺，哪里来的匮乏感呢？其实，匮乏感和一个人实际拥有多少无关，而是一种"缺"的心理感觉。孩子的匮乏感主要来源于以下三个方面：

一、情感和安全感的匮乏

孩子从婴儿阶段开始一点点长大，除了吃喝拉撒，最需要的是情感与安全感的满足。有了这两方面的满足，他才能长成为有生命力且内心世界丰富、广博的个体。

父母的微笑让孩子感受到喜悦，感受到自己是可爱的、是被这个世界友善接纳的，之后他们也更愿意容纳他人；

父母的抚摸、拥抱让孩子感受到安全、温暖，他们与周围的人和环境就建立起一种相互信任的关系，会更勇敢地尝试和探索，并相信自己能创造美好；

父母跟孩子的交流让他们变得聪慧，感受到人与人之间的真诚链接，愿意善意地去表达情感从而建立良好的人际关系。

然而，现在很多父母的忙碌和焦虑，却让微笑、抚摸、拥抱、交流对于孩子来说成了奢侈品，情感和安全感的匮乏导致的直接结果就是孩子跟人发展出不信任的关系，对人冷漠、爱攀比、易嫉妒、对人对事都斤斤计较。

二、体验的匮乏

孩子的一切认知、眼界、视野都来源于体验。给孩子创造丰富的体验，是在帮助他们搭建一个"体验——发现——思考——认知——创造"的完整框架，从而成为有发现能力、思考能力、创造能力以及有格局的人。正如图书出版人路金波所说："不要给你的孩子只塑造一个世俗的、眼下的、渺小的世界，要从小给他看星空、海洋、恐龙、神话、圣贤。这样，等他长大的时候，他就有足够的胸怀容忍各种无趣的生活。"

遗憾的是，现在的许多孩子在太小的时候就被困在了知识和道理中，过早的智性活动没有体验作为根基，他得到的只是没有生命力的第二手信息，知识反而成为他们丰富认知、开阔眼界的障碍。

三、物质的匮乏

在教养中，物质的匮乏常常以下列形式出现：

交易 / 讲条件："这次考试考到班里前十，就给你买……"

贬低 / 责备："你现在的任务就是好好学习，天天想着打扮，心思都不放在学习上了，女孩子不要这么虚荣。"

妥协："不是说好了今天出来不买奥特曼吗？（孩子继续哭闹）好了好了，别哭了，今天最后一次，下不为例！"

引发愧疚："父母赚钱也是很辛苦的，你真是一点也不知道替父母考虑，天天想着买这买那。（最后依然买了）"

找借口 / 打折扣："爸爸忙，这次我们就不去三亚了，请你吃顿大餐，下次咱们再去。"

若孩子的真正需求无法得到爽快慷慨的满足，他们就无法体会到被爱、被珍视的感受，所以就需要更多的"得"来填满，并且开始变得对"失"更加敏感和焦虑。而孩子的"得"会引发父母内在的不满，孩子也在得失计较中发展出一种与物质之间很扭曲的关系——看到美好的物质既渴望又逃避，觉得自己配不上好东西，还不断地自我贬低。这便是物质匮乏感的体现。

6.2 会舍才有得：心有格局不"小器"

"极简教养"体系将"小器型"孩子转变为"格局型"孩子所需要的关键正面态度就是——舍得。这个词在日常生活中出现的频率很高，通常表达了一种情绪或者意愿。我们常说"爸妈不舍得花钱""他对孩子可真舍得""这个东西不舍得扔掉"……将"舍得"作为一种教养态度时，又该如何理解呢？

另解"舍得"

《说文解字》中说："捨（舍），释也。从手，舍声。"即"舍"有两个含义，一是停止，二是放手、放下、舍弃。而"得"的古体字由"又"和"贝"组合而成，表示用手拿贝，意指有所收获。由此可见，"舍得"的第一层含义是停止索取、获得；第二层含义是舍弃、放下已经得到的，将所得、收获、利益让出去。

舍→捨→舍
囮→得→得

"舍"和"得"的字形演变

舍得是一种智慧，是对"可得的"和"已得的"进行决断的智慧：对于"可得的"，能够决断是否停下来；对于"已得的"，能够决断是否让出去。孟子曾说："鱼，我所欲也；熊掌，亦我所欲也。二者不可得兼，舍鱼而取熊掌者也。"这是洞察自己真正需求之后积极主动做出的选择，而不是"不得不"的无奈。舍是有意，而得却是无心。舍得真诚，朋友不期而遇；舍得付出，收获不期而来；舍得放下，自在不期而至。

在"极简教养"体系中，舍得是从孔子所说的"泛爱众"中提炼出的要素之一，是人际交往的关键态度。中国人提倡"独乐乐不如众乐乐"，这本质上是一种从"独享"心态到"共享"心态的跨越，是一份爱的心意，是一种爱他人的表现，也是一种愿意共享的格局。一旦拥有了这种"格局感"，自然就突破了因独享心态而形成的"小器相"。

舍得的前提是富足心态

前文提到，"小器相"源于匮乏感，我们长年接受的比较教育造成了狭隘的认知，即认为世界如同一块蛋糕，并非人人有份，假如别人多抢走一块，自己就会吃亏，所以恨不能把所有蛋糕据为己有，凡事对立，处处竞争，讲究零和博弈，见不得别人好，甚至对于至亲好友的成就也会眼红。这都是"匮乏心态"在作祟。

在人际交往中真正具备舍得态度的人，往往都拥有富足心态。富足心态源自厚实的个人价值观与安全感：由于相信世间有足够的资源，人人得以分享，所以不怕与人共名声、共财势，从而开启无限的可能性。具备富足心态，才能深刻理解舍得不是牺牲，而是共赢：人与人彼此需要，人与人互惠互益，人与人需要多多欣赏、积极融合、正和博弈，一起把蛋糕做得更大。

曾国藩曾说："将欲造福，先去忮心……将欲立品，先去求心。"意思是说，如果想为天下人谋求幸福，首先要消除嫉贤妒能之心；如果想要品德高尚，就该消除贪心。去"忮心"，去"贪心"就是养出孩子的富足心态，不被"分蛋糕、争蛋糕"的观念催眠、控制，孩子自然乐于舍得。这样的孩子关注自己，也会关怀别人；大方享受自己的利益，也毫不吝啬地让利于他人；感恩别人为自己的付出，也愿意为别人服务；没有简单粗暴的比较，而有"你很好，他很好，我也很好，我们都很好"的全局观和大气度。这样的孩子，更容易具备利他、共赢的领袖格局。

6.3 父母的格局：舍弃小爱给大爱

《战国策·触龙说赵太后》中有一句家长们耳熟能详的名

言："父母之爱子，则为之计深远。"父母爱孩子的方式千差万别，如果用"是否为孩子计深远"这把尺子来衡量父母之爱，我们可以清楚地看到：有的父母之爱是小爱，着眼于眼前，要的是孩子立竿见影地快乐、听话、配合、"完美"；而另一些父母之爱则是大爱，目光长远，着眼于长期，力图让孩子充满爱地成长为自信、独立、心中有责任、眼里有世界、仁智双彰的君子。

有格局的父母懂得抓大放小，你给孩子的是大爱还是小爱？区别在于父母是否有以下三种舍得的态度：

舍得给孩子陪伴

陪伴是最长情的告白、最真挚的表达，它不仅包含时间的投入，更蕴含着情感的交流和分享。高质量的陪伴就是大爱，但我在工作中经常观察到许多父母会在陪伴这件事上遇到以下障碍，让大爱打折成了小爱。

障碍一：没时间陪伴。现在的生活节奏确实很快，很多父母为了应付繁杂的工作而早出晚归，加班加点，甚至常年出差。这些都会导致陪孩子的时间被压缩得少之又少。父母没有时间陪伴，会让孩子接收到这样的信息："我没有工作重要。"自然，他很难接收到父母的爱意。

障碍二：人在心不在。有的父母虽然陪在孩子身边，却在孩子旁边专心致志地玩手机，孩子喊爸妈的时候用"嗯""好""随便"就应付过去了；有的父母陪孩子参加亲子活动，结果却让孩子和别的小朋友玩，自己则在一旁接电话、谈事情，忙得不可开交；有的父母看似在和孩子互动，但细看之下，手里一直拿着手机，在给孩子拍照、拍视频，美其名曰记录孩子的点点滴滴……没有产生情感链接的陪伴往往是无效的，爱的传递也会被阻隔。

障碍三：情绪不同频。 记得曾经在《超级育儿师》里看到过这些画面：7 岁的男孩轩轩做完作业，想让妈妈陪着做手工，妈妈在陪伴时一直在抱怨："做手工好痛苦啊，我不想弄了""简直疯掉了"；孩子在游乐场里玩得起劲，却总有父母在旁边扫兴："这有什么好玩的？无聊死了。"情绪的同频共振就是爱的传递，没有情绪的陪伴或者充满了负面情绪的陪伴会让爱快速衰减。

障碍四：父母抢戏。 孩子在搭积木，妈妈就在旁边不停地指指点点；爸爸给孩子讲故事，讲着讲着就从书延伸到孩子身上，开始讲道理，数落孩子平时哪里做得不好。陪伴是倾听、跟随和尊重，父母陪伴孩子的时候千万不要自己站到舞台中间，抢了孩子的戏。

障碍五：过度陪伴。 在"极简教养"父母训练营里，一位妈妈问我："老师，我在家几乎是全天陪着孩子，其他事都不怎么干了，就陪他吃饭、写作业，控制他看电视、玩游戏的时间。我陪伴他的时间这么多，为什么亲子关系还是不好呢？"因为这不叫陪伴，叫监控。没有界限的爱会给人极大的压力，让人无法呼吸，这是狭隘的小爱。

称得上大爱的陪伴是人在心也在，是和孩子一起完成观察、感受、体验、认知、思考和创造，是高浓度的情绪同频共振，是爱的分享和流动。家长舍得陪伴孩子，孩子内心的爱是满满的，才会有更多的爱溢出来，才能在人际交往中成为有能量、有格局的人。

舍得让孩子挣扎

试错是孩子最好的学习方式，而挣扎则是其成长的必经之路。

在孩子的成长过程中，因为能力不足，做很多事情的时候看起来笨手笨脚、慢吞吞、错误百出。孩子第一次自己走路、第一次自己吃饭、第一次自己穿衣服、第一次自己穿鞋、第一次握笔写字时笨拙的样子，让在旁边看的家长多少会有几分着急。但如果父母因为舍不得而替代孩子做事，甚至帮孩子提前解决了困难，实际上是剥夺了他成长的机会。

舍得让孩子试错，舍得让孩子挣扎，让孩子慢慢学会摸索方向，独自解决困难，消化负面情绪，才是对他的大爱。这种爱给孩子以勇气，让他在任何时候都相信自己可以面对任何挑战，敢于大胆地把自己抛向世界。

舍得对孩子宽容

宽容是大爱的必备要素。宽容即中国传统文化中强调的"恕"。《论语》中说："己所不欲，勿施于人。"如果把这句话放在教养中，就是"己所不欲，勿施于子女"。

好几年前，我看过一个亲子访谈的节目，节目组请来很多对亲子，父母和孩子要分开完成一些问卷和采访。节目组首先让家长做一个问卷，回忆并勾选出自己在学生时期父母的管教方式：

□ 爸妈会拿我的成绩、态度或行为跟别人比较

☐ 爸妈会盯着我读书或要求读书时不能关房门

☐ 爸妈会规定读书的时间

☐ 爸妈会干预我的时间该怎么使用

☐ 爸妈会用成绩来威胁或奖励我

☐ 爸妈会要求我按照他们的习惯来做事

☐ 爸妈怕我做不好，常常帮我

☐ 觉得爸妈有时过于保护我

☐ 爸妈常对着我碎碎念

☐ 爸妈会帮我设定未来的目标

☐ 觉得爸妈不够信任我

☐ 爸妈不常征询我的意见或想法

☐ 常被爸妈唠叨"不够自觉主动"

…………

家长们一边勾选一边笑，有几位家长说几乎每条都要选。接着，家长们又被问到"哪些表现让自己觉得不被信任"，几位家长纷纷提到：碎碎念，一直叫我读书，限制这个、限制那个，跟别人比较，逼着去弹琴……然后，有意思的事情来了：他们的孩子也做了同样的问卷，回答了同样的问题，孩子们的答案让家长们集体沉默了：

如果考不好，妈妈就没法在外面炫耀了；

爸爸生气的时候会骂人；

从小到大习惯了妈妈会生气；

觉得妈妈没有很了解我；

妈妈完全不信任我；

爸爸对我要求很高，可是我觉得爸爸自己都没有达到那些要求；

明明自己没做错事，但一直被爸妈羞辱；

…………

很多人在做父母前可能都想过"将来我要是有孩子，绝不像我爸妈对待我那样对待我的孩子！"而为人父母后，他们却常常不自觉地用自己也不喜欢的方式对待孩子。要走出这个怪圈，父母需要持续地自我觉察和自我成长，在教养中时常提醒自己"己所不欲，勿施于子女""行有不得，反求诸己"。

要舍得对孩子宽容，宽容地对待孩子的不完美，宽容地对待孩子的犯错，宽容地对待孩子的兴趣，宽容地对待孩子的选择……被"恕"以待的孩子，也能从父母那里学会接纳每个人的不同，包容别人的不完美，对别人的问题和缺点不过分苛责，从而养成温柔敦厚的性格和优雅从容的行事风格。这样的孩子在人际交往中如何能不受欢迎与拥护呢？

6.4 与宜多，取宜少：区分"需要"和"想要"，养出孩子的富足心态

双赢是人际关系的黄金法则。双赢是既考虑我的赢，也考虑你的赢，这样做的背后是对双方需求的深刻洞察。其实，这样的能力不是成人的专属，孩子也可以从学习区分"需要"和"想要"开始，打下舍得的基础。

"需要"是指我们生活中必需的物品或情感，比如食物、空

气、水、房子、温暖、健康、安全、价值感等。当然，我们需要的也不单单是这些，还有很多是我们的行为和活动，比如刷牙、大小便、睡觉、运动、社交等。

而"想要"是那些我们喜欢、渴望，拥有后就让我们感觉幸福、快乐的物品或行为，但即使没有它们，我们也能够生活下去。比如：

口渴的时候喝水是"需要"，喝可乐就是"想要"；

肚子饿得咕咕叫的时候，吃可以把肚子填饱的食物是"需要"，饭后还想吃个甜点、喝杯奶茶就是"想要"；

想去某个目的地时，一辆方便通勤的车是"需要"，一辆法拉利跑车就是"想要"。

这两个概念对于成人来说还是比较容易区分的，可是对孩子来说并不容易区分。我们可以从几个好玩的小活动入手，让学龄阶段的孩子都可以理解它们的区别。

活动一：制作"需要"与"想要"海报

我们可以准备各种关于生活常见物品或行为的小卡片，或者直接从杂志、绘本上剪下来一些相关图片，如各种各样的饮料、食品、玩具、活动……越丰富越好。然后准备两张大的海报纸，一张纸上写"需要"，一张纸上写"想要"，再让孩子把不同的卡片或图片贴到相应的海报纸上。家长可以在孩子找的过程中跟他讨论为什么这个是"需要"，那个是"想要"。

"需要"和"想要"

对小学以上年龄段的孩子，还可以去做一些升级：除了找出"需要"和"想要"，还可以进一步表达原因。

"我需要＿＿＿＿＿＿＿，因为＿＿＿＿＿＿＿。"

"我想要＿＿＿＿＿＿＿，因为＿＿＿＿＿＿＿。"

填空的过程，其实就是思考这个东西对"我"有什么帮助和意义。

活动二：旅行安检

假装要出门旅行，让孩子自己收拾行李箱。然后过"安检"的时候要求只能带 6 件东西，让孩子自己做选择。父母可以在孩子筛选的过程中和他聊"你为什么选择带这些东西""它们是你需要的还是你想要的"。对于孩子来说，这是个好玩也有挑战性的游戏。我们还可以逐渐增加难度，如下次只能带 5 件甚至 3 件东西，看看他是如何思考和取舍的。这个游戏也能很好地提升孩子的规划能力，从而更好地将自己的需要和想要按优先顺序去排列。

活动三：心愿清单

在带孩子逛商场或者超市之前，跟孩子一起做一个小小的心愿清单，心愿清单可以参考"需要"和"想要"海报的形式，将要采购的物品分为两类。对小学阶段有一定数字概念的孩子，还可以给他一个预算，让他自己决定如何在购物时进行选择。

教孩子学会区分什么是需要，什么是想要，以及如何去满足它们，就是教孩子自己学会做取舍与对自己的行为负责，以及从看见自己的"需要"和"想要"出发，继而发展出看见他人的"需要"和"想要"。

《弟子规》教导弟子待人接物的语句中有一句是"与宜多，取宜少"。什么是多？什么是少？如果结合"需要"和"想要"的概念，"少"就是"需要"，"多"就是"想要"。在人际交往中，取自己"需要"的，而给别人"想要"的，你说这样的人是不是相处起来特别舒服？"与宜多，取宜少"就是中国的双赢思维。

6.5 被满足的孩子才舍得：三个原则让孩子爱分享

"孩子不爱分享，在家／小区／幼儿园／学校总是跟别人争抢东西怎么办？"

这是我在讲座中被家长问到的高频问题。分享和合作是儿童社会化过程中的重要里程碑，对他们融入社会，建立健康的人际关系有着不可替代的重要意义。研究表明，合作的意识会在孩子很小的时候就产生，而主动分享的意识则要到 3 岁左右才开始出现。为什么分享对于孩子来说难度这么大呢？

《说文解字》中说："分，别也。"分是个会意字，从"八"，从"刀"，本义是一分为二。对于孩子来说，"分"就是"别"，是离开，是减少，所以他认为这是一个痛苦的过程。在 3 岁之前，孩子还没有物权的概念，他们认为"我"看见的、"我"喜欢的就是自己的。只有经历过无数次不属于自己的玩具要还给别人，而属于自己的玩具会回到自己这里之后，孩子的物权概念才能慢慢形成。有了物权的概念才会有分的概念，才会形成真正意义上的分享意识。

所以让孩子爱分享的**第一个原则是尊重孩子的物权**。孩子愿意分享的前提是：知道这是我的，我愿意拿出一部分给你，我愿意让你玩一会儿。

乐乐妈妈在家里给乐乐的玩具、书等规划了一块专门的地方，每天玩过之后，都会邀请乐乐一起来收拾自己的物品和"领地"，参与管理自己的物品；妈妈和乐乐沟通的时候，会有意识地使用"妈妈的""乐乐的""爸爸的"这样的词，让乐乐建立起对每个人所有物的边界感；邀请好朋友来家里玩或者出去玩的时候，妈妈都会事先跟乐乐商量，让乐乐选择哪些玩具可以给别人玩；乐乐小时候的很久不玩的玩具，妈妈要送人之前，也会先问乐乐的想法……

当孩子的物权被尊重，他心中便有了控制感，才能克服掉对失去玩具的担忧。

让孩子爱分享的**第二个原则是满足孩子的需要**。显而易见的吃喝拉撒睡是孩子的需要，但还有一些需要容易被我们忽略，特别是一些心理方面的需要，比如玩耍、安全、情感上的回应等。

曾经有一个妈妈和我说，她的孩子只要走到商店，不管在家里怎么沟通好，都一定要买新玩具，不买就在商店里又哭又闹，搞得这个妈妈一要带孩子出门去商店就紧张。后来，才知道这个妈妈工作很忙，爷爷奶奶住得比较近，平时都是把孩子送到爷爷奶奶家，周末才接回来跟爸爸妈妈一起住。这位妈妈也不知道怎么陪孩子，一和孩子聊起来就是"妈妈带你去买好吃的""妈妈带你去买好玩的"，慢慢地就变成了她说的情况。其实，孩子的这个行为背后实则是爱和陪伴的需要没有被满足。

一个爱分享、有舍得态度的孩子，一定是他自己的需要有被很好地满足。父母会满足，孩子才爱分享。满足孩子的需要时，一定要注意：能满足就尽量痛快满足，不能或不愿满足就直接告诉孩子真相，少用"已经这么多了""这个东西不好"这一类的借口，直接说"我觉得太贵""今天我不想买"即可，而且标准要统一，即如果某类"想要"的东西不能满足孩子，那么符合这个标准的就都不可去满足。

最忌讳的方式是，你不想满足孩子的"想要"，但因为孩子哭闹而一边抱怨着掏钱，一边骂孩子不懂事，或者提出各种各样的条件做交换。这样就算孩子得到了想要的东西，同时也得到了抱怨、愤恨、不被爱、不值得、嫌弃这些负面的能量，下次类似行为还会出现。要给孩子想要的，就欢欢喜喜、带着爱和祝福去给。这样，孩子心里没有空洞，就不会表现出用再多"想要"都填不满的状态。

让孩子爱分享的**第三个原则是让孩子体验分享的幸福感**。孩子要学会分享有两个阶段。第一个阶段是交换：我给你一样东西，你也给我一样东西。这样，孩子在分出去一样东西的同时得到另一样东西，这种通过交换所得来的享受是他可以立刻体验到的，可以刺激他做出分享的行为。

但交换式的分享仅仅是一个过渡，再往后，孩子要发展出非交换式的分享，就是纯粹地将自己拥有的分给别人而不图回报。要想让这种真正意义上的分享行为产生，就一定要让孩子得到情感上的满足。只有当孩子在分享时心中的积极体验远超拥有和享受物品带来的满足感时，他才会有更多的分享行为，并且真正享受分享带来的幸福感。比如，当他把手中的饼干分享给旁边的小朋友们时，父母不是表扬他"真大方"，而是引导他说"你看小朋友们吃得多开心！"；当他送了一些玩具、书给别人，可以引导他大方地接受别人的感谢，等等。

分享是舍得态度的具体体现，但一定要记得"独乐乐不如众乐乐"的核心在于"乐"，分享的核心在于"享"，遵循尊重、满足和享受三个原则才能让孩子真正爱分享。

6.6 有效利他：六个小练习，增强孩子同理心

日本经营之圣稻盛和夫先生曾说："利他！凡是事事为他人着想，换位思考，事情总会出奇的顺利，内心也平静和充实。"

能够为他人着想，换位思考，是一种重要的能力——同理

心。在幼儿阶段，孩子是以自我为中心的，他们眼中的世界是"我"的世界。发展同理心的过程，也就是孩子从"我"的世界走向"我们"的世界的过程。

以下的六个小练习，都能够很好地增强孩子的同理心。

练习一：猜情绪

这个练习适合有学龄前孩子的家庭全家参与。我们可以先自己制作或者购买一些情绪卡片，再把卡片背面朝上，每人随机抽一张，不让其他人看到，然后各自表演卡片上的情绪，由其他人来猜。

情绪是最重要的非语言信息，包含了他人的感受和需要。能读懂别人的情绪，也就能读懂他的需求，在此基础上才能做出利他的行为。

练习二：带情绪朗读

语言信息里面有很大一部分是语气。我们可以找一个绘本或者一小段文字，尝试用不同的语气来读同一个故事。比如，用高兴的语气读、疲劳的语气读、伤心的语气读、生气的语气读、厌烦的语气读等。这个练习可以提升从别人说话的语气中理解情绪的能力。

练习三：看无声电视

陪孩子看电视的时候，把电视静音，挡住字幕，然后通过看人物的表情、动作等来猜猜人物的情绪和发生了什么事。这是一个肢体语言识别的练习，非常有趣。

练习四：学做小侦探

可以利用带孩子逛商场、在餐厅吃饭、逛公园、坐公交车、到运动场等机会，一起观察其他人的面部表情、肢体语言，在听不见他们说话的情况下，一起去猜测这些人的情绪状态以及发生了什么事。

有一次，我带阿布在儿童乐园玩，中间喝水休息的时候，我们看到那边玩沙的池子里面有个小姑娘在哭，于是就有了下面的一段对话：

我："你觉得她怎么了？"

阿布："她看起来很伤心。"

我："那你觉得怎么样才会让她感觉好一点呢？"

阿布："她可能需要妈妈抱抱。"

这样的练习可以随时随地进行，父母可以用**"感受＋需要"**的公式来提问，也引导孩子从这两方面去关注他人。

练习五：准备礼物

为别人准备礼物也是很好的增强同理心的方式。当有小伙伴或家人过生日，或者遇上一些特别的节日时，父母可以带着孩子为别人准备礼物，一起讨论别人的"想要"可能会是什么，如爷爷的"想要"是什么，奶奶的"想要"是什么，爸爸的"想要"是什么，妈妈的"想要"是什么，好朋友的"想要"是什么……这会让孩子在平时慢慢有意识地去留意这些信息，是一种很好的关注别人需求的练习方法。

李开复老师曾经在微博上分享过处于青春期的女儿有一年送给他一个生日礼物——一本自制的各种券。女儿设计的券里都有什么呢？"家务券""按摩券""有问必答券""陪大人参加社交活动券"……用这样有趣的方式主动拉近与父母的关系，你说这个礼物是不是送到家长心坎上了？

利他不仅仅是"己所不欲，勿施于人"，更是"人所欲，施于人"。能够关注到别人的需求并且乐于成全的孩子，怎么可能眼里只有自己呢？

练习六：天使行动

对于小学年龄段以上的孩子来说，除了觉察和识别，也可以有意识地做出利他的行为。天使行动就特别适合在人多的家庭里进行练习：

首先，把每一位家庭成员的名字分别写在不同的纸条上，接着把纸条放进一个小袋子或者小盒子里面，然后每人抽一张。注意，纸条上的名字只能自己知道。接下来的一周，你就要做自己抽到的这个人的"天使"，默默地服务于他，做令他开心、快乐的事情。比如，抽到了爷爷的名字，接下来的这一周就可以经常陪爷爷聊天、给他泡茶等。一周之后再组织一次家庭会议，每个人都来猜猜这一周别人的天使是谁。家里成员越多，这个练习做起来就越有意思。如果你是老师或教育工作者，我也推荐你将这个练习运用在班级中。

这个练习可以让孩子有意识地了解别人，并且做出服务于他人的行为来，同时他也能体验到自己的价值感和积极情绪，从而更加愿意做出利他的行为。

利他共赢，是一种有大格局的思维模式，让孩子将看待世界的视角从"我"过渡到"我们"。作为父母，就需要给孩子营造一个温暖有爱的环境，带着他打开眼界从而看到别人、利于他人，只有这样，才能构建出一个无限大的属于"我们"的世界。

第七章

择善：激发孩子的持久内驱力

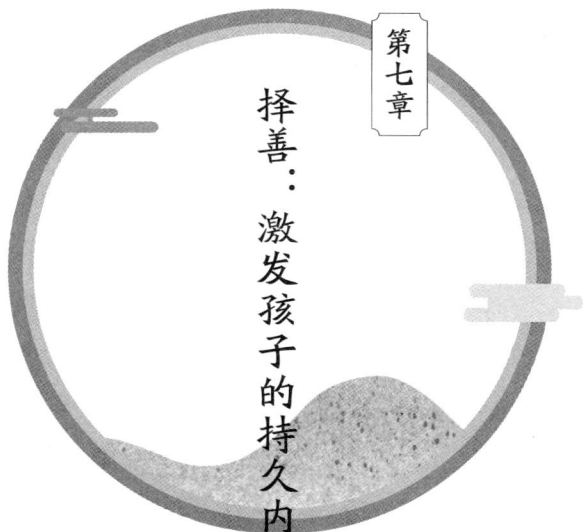

择善人而交，择善书而读，择善言而听，择善行而从。

——《资治通鉴》

【译文】

我们要选择品行好的人去结交，选择好的书去拜读，选择正确的话去听，选择正确的行为去学习。

7.1 没有方向，不敢抉择，怎么会有内驱力？

作为父母，谁不希望自己的孩子自带内驱力，干什么都能干出个模样？可事实上，许多孩子做什么都需要被父母催促、提醒，说一下才动一下，遇到一点困难就坚持不下去了……在"极简教养"父母训练营里，每每听到这样的描述，我都在思考："孩子那些本该蓬勃向上的能量都被消耗在了哪里？"

警惕"流俗"掏空孩子的心

常常听到成年人戏谑地谈论自己的状态是"感觉身体被掏空"，但相比之下，更让人担忧的是看到越来越多的孩子"心气儿被掏空"。

很多人认为心不仅仅是一个生理器官。孟子说"心之官则思"，即心的功能之一是思考。王阳明说："这视听言动，皆是汝心。汝心之视发窍于目。汝心之听发窍于耳。汝心之言发窍于口。汝心之动发窍于四肢。"意思是：视、听、言、动等行为，都是发自于心，即你的心要视，就发窍于眼睛；你的心要听，就发窍于耳朵；你的心要言，就发窍于口；你的心要动，就发窍于四肢。有了心的存在，就可以控制躯体的六根，人才是真正活着的；没有了心的存在，躯体的六根就不被控制，人只是行尸走肉。

北京大学心理学教授徐凯文曾经对该校一年级的本科生和研究生做过一个调查，调查结果显示，这些普世认知中的"赢家"

中有 30.4% 的人厌恶学习或认为学习没有意义；还有 40.4% 的人认为人生没有意义，现在只是按照别人的逻辑活下去而已。徐教授将这样的心理状态形象地称为"空心病"。

心空了的孩子就像从树上飘落的树叶，一旦离开了树枝，便没了归属，所以他只能随风飘荡，随波逐流，最终失去了自我。这样的孩子通常会有以下几个显著的行为特征：

1. 一味追求、迷恋潮流，缺乏独立思考。

2. 没有志趣高远的朋友和榜样，缺乏进取心，不愿意努力追求更好的结果。

3. 心中没有强烈的志向和明确的目标。

在"极简教养"体系中，我们将这些都归为"流俗型"。流俗指的是一种随波逐流、盲从流行、追逐虚荣的社会风气。"流俗型"孩子的心跟着所谓的潮流四处游荡，无法安定下来。这样的孩子，心不在其位，内驱力自然无从谈起。

"流俗型"是如何形成的？

一方面，现在各种社会思潮相互碰撞——东西方文化交汇、古今文化融合，很多父母在教养孩子方面也陷入了"尊重多元化选择"的误区，其中典型的表现就是一味追求"新"并简单地把"新"等同于好。在教养中，但凡面临选择，在新事物和旧事物之间，他们每次都选新事物：标榜自己的新潮，瞧不起过去的事物。这种做法可能会带来一个巨大的风险：无数经不起检验的"新"很快会被淘汰，他们只能又开始追逐下一波"新"，却始终找不到教养孩子的锚定点。

另一方面，孩子现在接触的大量短视频和游戏中充斥着审丑、恶搞、浮夸和炫耀等内容，它们利用人的猎奇心理，不断地改变着表现形式，在被网络无数倍地放大后，形成巨大的力量，将毫无防备的孩子裹挟着向前。当然，孩子在其中也感觉很轻松：什么都不用做、不用选，也不用思考，被流俗带到哪里算哪里。

俗话说"水往低处流"，流俗的一个很大特征是多变、流动，还暗含着向下的力量。而要想在流俗的力量中站稳，甚至逆流而上，向上攀登，则需要顶住巨大的压力。许多父母和孩子在面对流俗压力时，内心的声音是："别人都这样，我们也就这样吧，我们也没办法。"可是越不做选择，越不坚定地选择要践行的价值观，就越没有锚定点，也就越不能抵挡流俗的侵袭。

想要孩子有内驱力，父母就必须带着孩子去勇敢选择一种正确的价值观并据此生活，正如《中庸》中所言："择善而固执之"。中国的古圣先贤历来提倡"童蒙养正"的教育方式，就是将自己和孩子置于真善美的环境中，共同去思考"我是谁""我要成为什么样的人"，从而增强孩子的"精神免疫力"。

在"极简教养"体系中，我们正是用"择善"来对治"流俗"，让孩子的心找到真正的归属，形成正确的价值观，从而激发出持久的内驱力。

7.2　择善的关键在于"择"

既然要择善，我们首先需要对"择善"有一个深刻的理解。

善有标准

《说文解字》中说："善，吉也。"在这里，善与美同义。后来，"善"引申为友好、擅长、赞许、容易等义。也许很多人会认为善没有标准，但在"极简教养"体系里，善是有标准的。

择善是孔子德育思想中"亲仁"思想的要素，所以仁就是善。"仁"是孔子提出的最重要的理念，简单来讲就是"恻隐萌发，及物为爱"，即通过内在的恻隐之心，不断地萌发出对万事万物的爱。这种生生不息的恻隐之心不断地萌发，既是一种生命力，也是我们认为的善的标准。

孔子"亲仁"思想中的"仁"有三种指代：一是指代君子圣贤，即德行光明的人；二是指代有仁爱精神品质的人；三是指代充满仁爱精神的作品，比如很多电影、书、画等方面的作品中都闪耀着仁爱的光辉。择善地教养就是让孩子主动亲近这三种"仁"。

《道德经》中说："天下皆知美之为美，斯恶已；皆知善之为善，斯不善已。"意思是，如果所有人都知道美好的东西是什么样的，丑陋的东西自然就显露出来了；所有人都知道善是什么样的，不善的事情也就显露出来了。我们对孩子的教育也要抓住"善""仁"这两个根本。只有这样，孩子才知道什么是善恶美丑，之后才能主动作出正确的选择。

善易明，择实难

《说文解字》中说："择，柬选也。"在善和恶之间，坚决地选择善，是一个态度问题，更是一个信仰问题，正所谓"大学之道，在明明德，在亲民，在止于至善"。不管身处什么样的环境，积极主动地寻找有仁德的人和事物去亲近，这种选择就是"择善"。

为什么择善可以对治流俗呢？流俗本质上是人受到外界刺激后产生的本能反应。《高效能人士的七个习惯》的作者史蒂芬·柯维博士认为人类之所以成为人类，是因为拥有自我意识、想象力、良知和独立意志这四种天赋，所以在刺激与回应之间，每个人都有选择的自由，他把这种主动选择、自我负责的高效能习惯叫作积极主动。在"极简教养"体系中，我们认为流俗最大的成因就是家长与孩子不想做选择。放弃选择后，我们似乎就可以把责任推给大环境，但其实这是自己消极被动地接受了外界的控制。消极被动的人容易被外界环境影响——风和日丽的时候就兴高采烈，阴云密布的时候就无精打采；积极主动的人则心中自有一片天地，无论天气是阴雨绵绵还是晴空万里，他们看重的都是自己的价值观，不受天气影响。

明白"善"是什么容易，但能够勇敢地选择、坚定地执行"善"并不容易，这需要刻意练习，练习主动掌握选择权并养成根据正确的价值观去为人处世的习惯，有原则地将自己的时间、精力花在"善"的人身上，主动亲近他们，以他们为榜样，让

"善"像灯塔一样指引孩子的人生！

勇敢走出"择善"的第一步

择善虽难，但我们可以勇敢走出"择善"最容易的一小步，就是主动去亲近"善"。选择需要勇气和行动，而亲近只需要想法和情绪。

我们一旦识别出"善"的人，心里面就想着接近他们，然后追赶并成为他们。这种渴望，就像期待吃到一种美食或盼望去看一方美景的心情。只要做到这一步，择善就有了基础。

有了择善的态度之后，如何拥有择善的能力呢？在"极简教养"父母训练营里，我们从转善念、交善友、亲善师、立善志这四个要素入手，让父母带着孩子一起练习并掌握择善的能力。

转善念　　　交善友　　　　亲善师　　　　立善志

择善四要素

7.3 转善念：用"优点放大镜"发现善

忽略"不善"，放大"本善"

要教孩子择善，父母要先学会并做到以下两点。

第一，**学会用择善的态度来看待孩子**。或许孩子身上有很多"不善"的缺点，但也有很多"本善"的优点。如果我们主动地去识别孩子身上的"本善"，即使他没有表现出来，我们也认为他有善的潜能，并对他充满信心，那么他就会越来越好。反之，如果我们总是盯着孩子身上的"不善"，就是在用"择不善"法来教孩子，他反而会越来越接近你嘴里念叨、心里拒绝的"不善"。

小志刚刚上小学，妈妈希望他的作业书写得整洁漂亮，养成好习惯，所以花了不少精力在这上面。最近小志写作业的时候，妈妈都会陪在他旁边，如果哪里没有写好，妈妈都会马上指出来："这一横写歪了/这个点的位置太低了/这个字写得太大了/这两个字没有对整齐……擦掉，重写！"结果小志的书写不但没有进步，反而一到写字就唉声叹气，找各种理由，能不写就不写，甚至只要妈妈不看着写的作业，都写得龙飞凤舞、草草了事。

同样是为了让孩子书写整齐，心心的妈妈就采取了完全不一样的策略。每天心心写完作业后，妈妈都会找出作业本里那些写得漂亮整齐的字，跟心心一起欣赏，还一起讨论为什么这些字写得好看，怎么做也能让其他的字变得一样好看。慢慢地，心心跟妈妈一起总结了好多把作业写得漂亮整齐的小方法，她的作业看起来也越来越让人赏心悦目。

第二，父母要明白**择善首先是对父母自己的要求**。俗话说：近朱者赤，近墨者黑。父母是"朱"还是"墨"，决定了孩子被染成"红"还是"黑"。那我们是不是可以让自己更加"红"呢？比如：

希望孩子爱阅读，那就每天设置 30 分钟的"不插电"时间，这期间大家都放下手机去看书；

希望孩子爱运动，那就经常陪孩子一起享受运动的乐趣；

希望孩子有良好的与人相处的能力，那就学会倾听孩子的心声，洞察孩子的情绪；

希望孩子有目标、有上进心，那就一起开个家庭会议，分享各自的目标并为之努力；

希望孩子能够独立思考，那就营造一个开放、没有标准答案的家庭环境，允许每个人表达自己的观点。

儿童教育专家小巫老师说过一句让我至今记忆犹新的话：**"仅仅做值得孩子模仿的事，成为值得孩子模仿的人。"**所以从今天开始，用择善法让自己先"善"起来，你的孩子也会"善"起来。虽然这条路并不容易，但值得父母全力以赴。

用"优点放大镜"寻找闪光点

择善的思维方式同样可以教给孩子。我们只需要用一个小工具——优点放大镜，就可以帮助孩子主动发现别人的"善"。

比如，当你发现孩子经常抱怨某个同学不好的时候，可以交给他一个秘密任务：悄悄地用"优点放大镜"从这个人身上找到尽可能多的积极品质。

记得刚上一年级不久，阿布每天放学回家后都要跟我抱怨他的同学小胡。他说小胡超级调皮，每天下课后就追着不同的人打，班里几乎所有人都被他打过了，告老师他也不怕。他们玩游戏时，小胡就来捣乱。阿布也被这个同学打过两回，很不喜欢他。阿布跟我分析小胡也是想跟同学们玩，但他太讨厌了，同学们都不想跟他玩。

我告诉阿布，真要想解决这个问题就得知己知彼。于是我建议他用"优点放大镜"偷偷观察一下小胡，看看他身上有什么优点，回家分析之后再商量办法。第二天回家后，阿布迫不及待地跟我分享："妈妈，我通过今天的观察，发现小胡有几个优点：第一，他长得壮，力气大，我觉得他要是在游戏里面当'肉盾'，我们小组肯定赢；第二，他数学好，上数学课时他一会儿就做完了所有的课堂作业，而且还全对。"

基于这个发现，阿布打算第二天邀请小胡在游戏中扮演"战士"的角色，这样也许他就不捣乱了。这个方法果然奏效，据阿布后来跟我讲，小胡是游戏中的香饽饽，大家都想跟小胡一组，因为他"武力值"很高，他去哪个小组，哪个小组就能赢。但是小胡每次都会选择跟阿布一组，阿布因此很得意。

"优点放大镜"本质上是让孩子练习择善的思维模式——忽略"不善"，放大"本善"。从点点滴滴的小事做起，这样，孩子才会渐渐善于发现别人的优点，拥有一双发现善的眼睛。

7.4 交善友：三不原则和南风效应，为孩子打造积极的"朋友圈"

古语有云："与善人居，如入芝兰之室，久而不闻其香，即与之化矣；与不善人居，如入鲍鱼之肆，久而不闻其臭，亦与之化矣。"除了父母，朋友对孩子的影响同样不可估量，所以曾国藩告诫子弟：**"择交是第一要事，须择志趣远大者。"**

孩子是非常容易从众的，在他们还未发展出成熟的价值观和选择能力之前，父母要有孟母三迁的意识，为孩子打造积极的"朋友圈"。

接下来介绍的就是父母在孩子不同年龄段，为他们打造积极朋友圈的原则、心态和方法。

三不原则

如何交朋友？如何交到"好"朋友？这些是孩子从小到大都需要不断学习和体会的功课。在孩子小的时候，朋友只是玩伴。在这个阶段，父母只需作为榜样，表现出善意和豁达，让孩子在人际交往中感受到"善"。

阿布小时候有一个经常在一起玩的小伙伴毛豆，两人同年同月同日生。因为这个原因，他们都觉得对方亲近。毛豆长得比阿布高、壮很多，脾气也比较急。有一天，两个小家伙抢一个玩具，毛豆用力一拽，把阿布连玩具带人拖摔到地上，阿布哇的一声大哭起来，一把鼻涕一把泪地跑来找我。我笑着说："又抢玩具啦？这次看来毛豆用了很大劲，把你都拽倒了，哪里摔疼啦？妈妈给吹吹。"我那轻松的态度很快地安抚了阿布。吹了几下后，他就说不疼了，又跑去找毛豆玩。他们俩这样的冲突可不少，今天你哭，明天我哭，但还是天天念叨着要和对方一起玩。

孩子之间发生冲突是很正常的事情，这些冲突是他们发展人际关系过程中必不可少的土壤，成人不可过多介入。不过多介入的背后是父母心中对孩子有能力处理好人际关系的信任。如果处处用成人的思维，觉得自己的孩子被欺负了、吃亏了，教育孩子世道险恶、人心无常，会让孩子对这个世界不抱有信任和好感，变得对人处处提防，在人际关系中要么霸道，要么畏畏缩缩，那又怎么能吸引到善的朋友呢？

在对待年幼孩子的同伴交往问题上，父母须坚持三个重要的原则：

1. **不过度反应。**不要孩子自己本来没事，结果你比孩子还愤怒。

2. **非必要不介入。**只要没有严重的安全问题，就算发生冲突，也不必介入。

3. **不怕吃亏。**不为一时的损失而懊恼，也不会去和对方争得面红耳赤。

这三个看似消极的原则，其实就是帮助孩子从小打造积极"朋友圈"的重要法宝。如果**希望孩子结交到"好"的朋友，先帮助孩子成为"好"的朋友、"善"的朋友。**

随着孩子慢慢长大，朋友的角色不仅仅是玩伴，还意味着志趣相投、相互支持和陪伴、彼此之间有良性的竞争。到了这个阶段，父母又能做些什么来协助孩子打造积极的"朋友圈"呢?

主动链接,以善汇友

"以善汇友"的意思是主动发出善意、做出善行,以此来吸引与自己价值观一致的朋友。通俗一点来说,就是父母带着孩子做符合家庭价值观的事情,并让身边的人知道,从而吸引有同样价值观的家庭一起参与,进一步协助孩子找到志趣相投的朋友。

关于如何教养孩子,球球妈妈有自己的独到见解。球球上小学之后,她经常会召集居住在同小区、跟球球年龄相仿的小朋友,放学后把他们一起接回家,在孩子们完成学校的作业后就带着他们一起做各种各样的游戏。周末她会组织这些家庭一块儿到户外运动、做游戏。这些孩子能一直在一起玩,家长的教育理念也十分契合。现在球球快上初中了,因为有好朋友的陪伴,他完全不会迷恋手机,妥妥地长成了阳光大男孩。球球妈妈说:"学校的环境怎么样我们控制不了,但可以在自己的能力范围内为孩子创造一个积极的小环境,我就十分知足了。"

也许大多数家长都没有能力或条件做到跟球球妈妈一样好,但秉持着"主动链接,以善汇友"的思维方式,依然可以有很多选择,比如:

主动约孩子的同伴一起到户外去游玩;

主动约孩子的同伴到家里来做客;

跟孩子一起参加亲子俱乐部、夏令营、读书会等,主动创造机会,认识志趣相投的家庭;

帮孩子找到自己的特长（比如讲故事、玩魔方、跳舞、手绘等），吸引志同道合的小伙伴。

以善汇友不是替孩子选择朋友，更不是替孩子交朋友，其核心依然是营造充满善意的环境，让孩子自带吸引"好"朋友的特质。

巧用南风效应，建标准、给祝福

孩子进入青春期之后，朋友的重要性与日俱增。到了这个时候，家长巴不得孩子交一个学习更好的朋友，把"朋友圈"变成"学习圈"。但孩子并不一定这么想，他会更关心我和朋友的穿着打扮风格是否一致，我和朋友的想法是否一样，我在乎的朋友是不是也同样在乎我……

心理需求的不一致，让这些父母担心孩子没有判断力，交到坏朋友。"你以后少跟××玩。"也常常从他们口中说出。可是这种教导往往无效，甚至会起到反作用——那该怎么办呢？

首先，可以早早引导孩子**建立一套判断好坏朋友的标准**。

孔子说："益者三友，损者三友。友直、友谅、友多闻，益矣。友便辟，友善柔，友便佞，损矣。"意思是有益的朋友有三种类型，有害的朋友有三种类型：与正直的人交朋友，与讲诚信的人交朋友，与知识广博的人交朋友，是有益的；与谄媚逢迎的人交朋友，与表面奉承而背后诽谤他人的人交朋友，与善于花言巧语的人交朋友，是有害的。这是孔子的交友标准。

你也可以跟孩子一起讨论、制定一个你们家的交友原则或者好坏朋友的标准，把它们列出来，引导孩子明确自己的交友方向，同时也帮助他形成正确的价值观。

益友标准	损友标准
1. 会为对方的进步感到高兴，会互相祝福和鼓励 2. 会在彼此需要时提供支持、陪伴和帮助 3. 会尊重彼此的不同之处 4. 发生冲突后会互相道歉并改正	1. 看到朋友做得好，会嫉妒甚至讥讽 2. 当朋友需要帮助时，袖手旁观甚至落井下石 3. 批评甚至贬低朋友跟自己不同的兴趣、爱好 4. 以自我为中心，总是要自己做主，让别人跟随；别人说话时不认真听，还总是打断

益友及损友标准示例

其次，把对孩子交友的**担心变成祝福**。

法国作家拉封丹曾写过一则寓言，讲的是北风和南风比威力，看谁能让行人脱掉身上的大衣。于是北风铆足了劲，刮起了巨大的刺骨寒风，结果行人为了抵御北风的寒冷，反而把大衣裹得紧紧的；而南风则徐徐地吹出温暖的风，行人因为觉得很暖和，所以开始解纽扣，继而脱掉大衣。结果当然是南风战胜了北风，温暖战胜了寒冷。这就是心理学里的"南风效应"。

在交友这件事情上，父母也要学学南风，不要把担心天天挂在嘴边，而要把担心都转变成温暖的祝福，送给孩子。比如：

把担心孩子被同伴欺负、嘲笑或者孤立，变成祝福孩子得到朋友的关心、被友善对待；

把担心孩子学到一些坏习惯，变成祝福孩子有一双发现美好的眼睛，能看见并学习别人的好习惯。

当然，这些不一定要对孩子说出来，可以是父母的自我对话。切记，美好的祝福必须是在父母内心真正相信时才会有效。如果父母心中满是担心和恐惧，即使嘴上说着祝福的话，看到的很可能会是担心成真的结果。

7.5　亲善师：积累＋提问，让孩子终身有良师相助

孔子说："三人行，必有我师焉，择其善者而从之，其不善者而改之。"师，原意是指值得我们当作老师的人。在"极简教养"体系中，我们将"师"的内涵进一步延展。从广义来讲，人人可为师，万物可为师，其核心是我们有能力去发现万事万物之"善"。

广泛拜师

父母虽然说是孩子的第一任老师，但是不可能在每一个领域都成为孩子的老师，更不可能在所有方面都能够成为孩子的榜样和示范。父母可以做的，是教会孩子寻找好老师。"积累＋提问"就是寻找好老师的有效办法。

积累，顾名思义就是日常带着孩子积累师资，身边的人、书、音乐、绘画、电影、动画片与自然界，都是师资的来源。带

年龄较小的孩子做这件事情时，可以使用一个小工具——百变老师卡。

如果大家玩过奥特曼卡片就会知道，每一张奥特曼卡片上都会有一个奥特曼或者怪兽，卡片上详细记录着这个角色的名字、攻击力、防御力、必杀技之类的内容。所以，我们也可以仿照这个卡片，当孩子读了什么书、见了什么人、看了什么电视节目、去了动物园或植物园之类的地方后，都可以讨论一下是否发现了"新老师"。如果有，就制作一张小卡片，写上"老师"的名字、优势、擅长的领域、可以在什么时候请教或者其技能可以在什么时候派上用场等。卡片的内容你可以和孩子一起完成，比如画数量不同的星星来表示"老师"的厉害程度。这样，日积月累，孩子就能慢慢地发现自己身边有好多厉害的"老师"了。

积累了这么多的师资，在孩子遇到问题、困难、挑战的时候，他们（它们）就能派上用场啦！此时，家长要做的就是学会**提问**。比如，孩子问你"是什么？""怎么办？""为什么？"等问题时，你不必急于给出答案，而是换成一个万能问句：**"这件事我们可以向哪位老师请教？"** 这个万能问句就像"芝麻开门"的咒语一样，能够开启日常积累的师资宝库，也是启动孩子主动思考的按钮。

以经典为师

虽说万物皆可为师，但要说其中最有分量的一位，非经典莫属。周国平在《人生哲思录》中有这样一段描述：

"古往今来，书籍无数，没有人能够单凭一己之力从中筛选出最好的作品来。幸亏我们有时间这位批评家，虽然它也未必绝对智慧和公正，但很可能是一切批评家中最智慧和最公正的一位，多么独立思考的读者也不妨听一听它的建议。所谓经典，就是时间这位批评家向人们提供的建议。"

如果父母实在不知道到哪里去给孩子找好老师，那就到经典里去找。那些历经千百年依然不朽甚至更加熠熠生辉的经典，绝对是能够传道、授业、解惑的好老师。

在"极简教养"父母训练营里，我们特别提倡父母与孩子共同诵读一些中国经典，比如《诗经》《论语》《大学》《中庸》《孟子》《道德经》《唐诗三百首》《宋词三百首》《声律启蒙》等。不用担心孩子读不懂，经典中的每一个字、每一句话、每一个韵律中都蕴含着力量，反复读，反复看，孩子自然可以在经典中"遇到"古往今来的贤者大师，并从中受益无穷。

7.6 立善志：亲近榜样，给孩子源源不断的内驱力

在"极简教养"父母训练营里，我们被学龄期及青春期孩子的家长问得最多的一个问题就是："我的孩子学习没有内驱力，该怎么办？"而我在做青少年咨询的时候，90%的孩子都问过我一个问题："老师，你说学习的意义到底是什么？"将孩子和家长的问题放到一起看，你可能就会明白为什么那些孩子学习没有内驱力了。

最早提出内驱力理论的美国认知教育心理学家奥苏贝尔告诉我

们，如果能把某个学习目标指向一个远大的理想和抱负，使命感所带来的内驱力才更强大，更持久；而中国传统观点认为"志不立，则天下无可成之事"，内驱力来自理想，来自志向。孔子十五岁有志于学；玄奘大师立志要"远绍如来，近光遗法"；范仲淹立志"不为良相，便为良医"；王阳明从小树立做圣贤之志……所以，**要解决内驱力的问题，本质上是要解决意义感、使命感，即立志的问题。**

遗憾的是，我听过很多父母跟我说："使命感、立志这些问题太大、太远了，现在孩子的学习压力那么大，考试还忙不过来，说这些都没用。"若孩子仅仅是为了考试成绩而学习，任凭你用尽各种方法，他也不可能有持久的内驱力。不立志，即便孩子在学习上一直努力，也很有可能成为前文徐凯文教授提到的"空心病"学生中的一员。

在"极简教养"体系中，**榜样即志向**，所以解决内驱力缺乏的一个重要方法就是**亲近榜样、树立志向**。这个方法听起来很"土"，却有奇效。一个孩子的志向从他的榜样就能看出来。孩子要立志，首先就要确认自己的榜样。

第一步：寻找榜样

榜样并不是父母推荐给孩子的，但父母可以通过让孩子接触到更优秀的人，见识到更广阔的世界，引导孩子找到自己的榜样。比如，多看优秀的动画片、纪录片，多读人物传记、名人故事，多带孩子去拜访家族里面德高望重的前辈、自己的老师，多跟孩子去讨论他想成为什么样的人等，都是很好的方式。

"寻找榜样"的小建议：

1. 寻找榜样的过程不是一两天，父母要多多创造机会，不能急于要结果。

2. 父母心里不要有标准答案，因为孩子向往的人很可能不是你心目中的人。你可以多倾听孩子的想法和理由，不要贬低或嘲笑。

3. 不同年龄段的孩子的榜样是会发生变化的。比如幼儿园的时候，童话中勇敢善良的公主是女儿的榜样；等上小学以后，她的榜样可能又变成了航天员王亚平。父母要做的就是保持好奇和支持。

孩子的偶像会随年龄变化

第二步：熟悉榜样

跟孩子一起建立榜样资料库，收集榜样的照片、书，了解榜样的生平事迹，也可以看影视作品、纪录片，参观相关的纪念馆、博物馆等，甚至创造近距离接触榜样的机会。这样可以让孩子更多地了解榜样的精神和品质，更重要的是让孩子了解"再了不起的人都是慢慢成长起来的，不是天生就厉害"，甚至能在榜样身上找到跟自己的相似点。

一篇 2012 年发表在美国《教育心理学》杂志上的论文研究的是听奋斗故事给学生带来的影响。研究者选取了在很多人眼里枯燥艰涩的物理学科作为研究领域，以伽利略、牛顿、爱因斯坦 3 位物理学家作为奋斗故事的主人公。他们招募了 271 名高中生，并随机把他们分为 3 组。

A 组：学习 3 位科学家发现的物理理论，以及他们在科研中战胜困难的经历。

B 组：学习 3 位科学家发现的物理理论，以及他们所取得的成就。

C 组：只学习 3 位科学家发现的物理理论。

这 3 组学生要在一周内完成 3 节物理课，然后对科学家和物理课进行评价，并解答物理试题。结果发现，与 B 组、C 组学生相比，A 组学生对物理学的兴趣明显更高，而且能回忆出更多关键的物理学概念，同时他们的解题能力和解决复杂问题的能力也更强。也就是说，了解科学家的奋斗历程，竟然真的对孩子的学习大有裨益。

第三步：效仿榜样

效仿榜样是让榜样的精神和品质与孩子的生活有更深的链接，从而产生更大的影响。择善师的目的是**成为大师的学生，而不是偶像的粉丝**。有个很好用的小技巧，叫作**"榜样上身法"**，它可让孩子假想自己变成榜样，用榜样的方式来思考和行动，从而激发内在的善和力量。

六岁的女孩叮叮特别喜欢艾莎公主。有一次，妈妈带着叮叮去爬黄山，叮叮爬到半路爬不动了，想要妈妈抱。妈妈问："如果是艾莎公主遇到这种情况，会怎么做？"叮叮想了想，说需要休息一下，然后跟妈妈坐在路边哼唱了一遍电影主题歌《随它吧》，接着就拉着妈妈的手继续爬山了。

下面为你准备了一个现成的提问清单，都是"榜样上身法"的具体应用，拿来即可用：

如果是 ×××，他会怎么处理这件事？

如果是 ×××，他会做出什么样的选择？

如果 ××× 可以给你建议，你觉得他会对你说什么？

如果 ××× 遇到这件事，他会怎么想？

有了榜样，孩子在面对困难、挫折和疑虑时，心里总有一盏明灯。

"极简教养"体系最核心的内容就是"择善"二字。择善是要引导孩子的心归属于自己内在的"仁"，从中汲取无限的勇气和力量，在人生的征途中向上攀登。**选择善，稳住心，坚持行，这便是孩子持久不灭的自驱源泉！**

第八章

历事：让孩子有一颗乐观坚毅的心

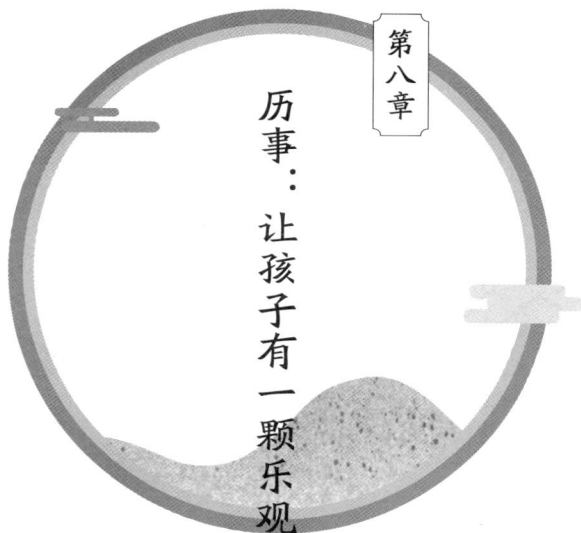

子曰："好学近乎知①，力行②近乎仁，知耻近乎勇。"

——《礼记·中庸》

【注释】

①知：同"智"，智慧。②力行：努力行善，尽力去实践。

【译文】

孔子说："喜爱学习就接近智慧了；努力行善、尽力去实践就接近仁德了；懂得羞耻就接近勇敢了。"

8.1 小心孩子成为"思想上的巨人，行动上的矮子"

当孩子呱呱坠地的那一刻，每位父母都会祈祷自己的孩子一生顺遂。可俗话说"人生不如意事十之八九"，成长的路上，孩子一定会经历各种挑战和波折，面临挫折和困境，感到迷茫和失落，所以他需要有一颗乐观坚毅的心，才能面对挑战而不惧，历经风雨而茁壮成长。其实，大部分父母深知此"心"的重要性，却在如何炼这颗心上选错了方法。

"纸上谈兵"的帅帅

在训练营里我认识了一个名叫帅帅的 11 岁男孩。跟帅帅聊天是件很有意思的事情，因为他说起道理来逻辑清晰、头头是道，还金句频出，有些事情讲得比大人还好。比如：

问他为什么放假不出去玩，他说"'学渣'和'学霸'之间只隔着一个暑假"，自己要利用这两个月的时间实现"弯道超车"；

问他平时喜不喜欢玩游戏，娱乐项目是什么，他摇了摇头，声称自己不刷手机，"沉迷网络只是浪费生命"；

再问他假期有什么打算，他拿出一张密密麻麻的计划表，一天安排得满满当当……

我夸他简直是妥妥的"学霸体质"，身边的帅帅妈妈却一针见血地指出："讲这么多有什么用？也没见他按这些去做。"

后来听帅帅妈妈说，计划表是老师要求提交的，计划是做了，但几乎没有一天执行：不出去玩是因为不愿出去晒太阳，嫌太热了，不如在空调屋里待着舒服；家里限制了使用电子产品的时间，帅帅就整天在家看漫画，看累了就在沙发上瘫着；要让他做点家务或者去学习，就会找各种理由和借口拖延，需要三催四请才行；如果学习、做事遇到困难，就会立刻找许多理由不做；什么事都答应得很快，一到做的时候就没影儿了；道理满天飞，出工不出力……

你的孩子身上有没有帅帅的影子呢？看起来他明明知道什么是对的，什么是好的，道理也都明白，却只会说说，不会把想法付诸行动。在"极简教养"体系中，帅帅就属于比较典型的"空谈型"孩子，他们身上往往有三个典型的特征：

1. 做事比较敷衍，应付任务，浅尝辄止，甚至蒙混过关。

2. 一碰到困难就想放弃，不愿意想办法克服困难，无法坚持。

3. 做事情喜欢耍小聪明、偷懒，只动嘴、不动手，不愿意勤勤恳恳地付出努力。

"棒棒糖儿童"的养成

我国著名的心理专家陈默老师曾经在一次演讲中谈道："现在的小孩，他的理性思维能力很强，所以他的认知水平也很高。几代人的教育积攒下来，很多孩子甚至可以讨论形而上的问题，有些初中生已经可以跑来和你讨论海德格尔（德国哲学家）了。所以这种小孩很有意思，他的发展很不平衡——社会性很弱，然而他的思考力很强。"

在我们的训练营里，"空谈型"孩子有一个令人印象深刻的形象——棒棒糖。棒棒糖头大身子小，象征着这类孩子头脑发达、思维认知能力强但社会性和行动力弱。

"棒棒糖儿童"的养成，至少有四个因素起到了推波助澜的作用。

第一个因素是父母包办代替。孩子从小就有一大家子围着他转，有任何事情根本轮不到他动手，就已经被养育者办完了。行动的能力就像肌肉一样，长期得不到锻炼，只会萎缩无力。

第二个因素是孩子被过度赞美和表扬。积极心理学之父马丁·塞利格曼在《教出乐观的孩子：让孩子受用一生的幸福经典》一书中就指出了父母在培养孩子的乐观心态时有一个很大的误区，即希望孩子可以不通过"表现满意"就能"感觉满意"。比如，孩子在跑步比赛中得了最后一名，但父母还是对孩子说："你是最棒的！你已经做得很好了！"这种与事实相悖的赞美或表扬，会导致孩子产生怀疑和分裂感：在头脑中的幻想越来越多，在行动上却越来越被动、犹豫和无助。

第三个因素是搞错了养育的顺序。朱熹在《童蒙须知》开篇写道："夫童蒙之学，始于衣服冠履，次及言语步趋，次及洒扫涓洁，次及读书写文字，及有杂细事宜，皆所当知。"儿童的教育要从穿衣戴帽开始，然后是学说话、走路，再学做家务，这些都学会了才学习读书、写字，即先在做事和运动中发展身体、养成习惯，然后才是学习知识。但现在，许多父母养育孩子时往往是前三步都匆匆略过，直接进入第四步：读书写字。身体力行的能力尚未被构建好的孩子被早早赶进课堂，承受了不当的压力，本来应该用来发展身体的力量被抽取到脑部并且"卡"在那里，于是成为头重脚轻、身心割裂的"棒棒糖儿童"。

第四个因素是父母的空谈。很多父母喜欢给孩子讲大道理、提要求，可是自己绝对是做不到的；嘴上天天抱怨孩子难教，可自己也不去学习，无效的老办法还是继续用；还有一些父母虽然看了很多育儿书，也听了很多讲座，但不在自己身上应用，不在家中实践，反倒喜欢给别的父母出主意……这些都是空谈的表现。在父母的耳濡目染之下，孩子自然也会往爱空谈的方向发展。

如果不改变爱空谈的习惯，依然在头脑的努力和行为的逃避间内耗，结果很可能应了那句有名的电影台词："尽管知道那么多道理，可依然还是过不好这一生。"

什么样的教养方式能够促进把"空谈"转变成"作为"，让孩子产生强烈地想有所作为的愿力；让他们有清晰的人生目标并且能够持续为之努力；让他们乐观而坚毅，把失败和挫折都可以当成对心灵力量的锻炼？在"极简教养"体系中，我的答案是——历事。

8.2　历事 = 事上磨 + 心上炼

什么是"历事"

"历"的古体字很有意思：甲骨文的上部是两棵"禾"，表示一行行庄稼；下部是一只脚（止），脚趾朝上，脚后跟朝下，表示脚步从一行行庄稼中走过。《说文解字》中说："历，过也。"后也引申为行走、游历，逐一、逐个之意。所以"历事"的字面意思就是指逐个地做事，并把事情一件件完成。

"历"的字形演变

历事是力行的要素。力行就是先秦儒学推崇的"笃行"，即将所有的德行都坚定地实施出来，执行下去；是宋明理学强调的"躬行"，即从自己身上下功夫；是王阳明心学强调的"知行合一"；也是亚里士多德所说的"实践的智慧"。在中国传统文化中，历事通常还隐含着炼心之意，所以常用"历事"指代"炼心"，也就是要在纷繁复杂的具体事务中时刻保持对"我做这件事的目标是什么"的觉察，把做任何事都当作锻炼、提升品德的机会。孔子在《论语》中特别强调每个孩子从小要练习"洒扫、应对、进退"，但做这些家务劳动、待人接物的日常琐碎之事本身并不是目的，真正的目的是炼"爱亲敬长隆师亲友"之心，提升仁、敬、谨、勇等德行。

从"做事"到"历事"

训练营里有位家长曾问："我也很有意识地去锻炼孩子做事，每天都要让他做家务、做运动，周末、寒暑假都让他参加社会实践，但为什么他面对事情时还是习惯性地谈条件、耍小聪明，遇到一点困难就放弃呢？"这就需要谈到"做事"和"历事"的区别了。

"做事"更像是完成一项任务或工作，如果做事的时候一味埋头苦干，但只干事、不思考，就如同在学习的时候只是机械地刷题，在这样的状态下很容易失去目标，甚至还会起到反作用，让孩子感到厌烦。而"历事"是要借做事的过程锻炼出一颗强大的心，即做的这件事情本身并不重要，通过做这件事情"炼心"才是重要的。

我认识的一位擅长提升孩子学习能力的老师，分享过这样一个小案例：

二年级的宁宁无论是平时的数学作业还是数学考试，总是会错几道计算题，宁宁妈妈为此非常恼火。她认为这是宁宁的基本功不扎实，所以就要求宁宁每天加练50道计算题，并且如果错1道就再罚做5道。因此，宁宁每天晚上回家后都要花很长时间来做计算练习。可这样实施了一段时间后，宁宁在数学作业和考试中的计算准确率并没有明显提升，反而因为计算练习的事情，每天都跟妈妈发生对抗。后来，宁宁妈妈找到这位老师，老师的分析是宁宁不是没掌握计算方法，而是缺少**信心**和**细心**，于是让妈妈调整了练习的目标和方式：

1. 每天只做10道题，无论对错都绝不加码。如果有错题，就跟孩子一起分析是哪一步出了问题。

2. 妈妈记录孩子每天完成的时间和正确的题目数，在一段时间里只选择一个维度并设置小目标（比如一周平均正确率提升一点点或者每次完成相同数量的题的速度提升 5 秒），从而提升孩子的信心。

果然，新的计划实施后不到两周，情况就发生了明显的变化——宁宁的计算正确率稳步提升，最重要的是孩子非常坚定地说："计算题一点也不难，我可以做好！"

可见，从做事蛮干、苦干改为通过历事来炼心，不但可以让孩子拿到实实在在的结果，也锻炼了孩子的心力。

8.3 刻意练习：教会孩子"实用乐观"的思维模式

王阳明第一次参加科举考试，名落孙山。几个和他一道去考试的好朋友因为没能考上而感到羞愧难当，整天唉声叹气。王阳明却相反，一副什么都没发生过的样子。有朋友过来问他："别人没考上都不开心，你怎么好像什么都没发生过一样？"他说："世人以不得第为耻，吾以因不得第而动心为耻。"王阳明认为考试落榜没什么可耻的，但如果因此动摇自己的心性和气节，丧失了继续的勇气才是可耻的。所以他马上就能接受结果，这次没考上，下次再来考就是了。

为什么同样面对考试落榜的事实，不同的人却有完全不同的反应呢？

情绪 ABC 理论

情绪 ABC 理论是美国心理学家埃利斯提出的。他认为我们的情绪 C 并不是由激发事件 A 本身直接导致的，而是由我们对 A 的评价和信念 B 导致的。我们如果对某件事情的想法是消极的，就会产生消极的情绪反应；面对同一件事情，一个积极的想法，就会产生积极的情绪反应。

从前，一位老奶奶有两个儿子，大儿子卖盐，小儿子卖伞。每次遇到天阴下雨，老奶奶就发愁："太糟了！大儿子的盐卖不出去了！"可是等到晴天出太阳，她也发愁："太糟了！小儿子的伞卖不出去了！"所以，她成天愁眉苦脸、担惊受怕。结果，两个儿子也受她影响，心情很糟糕，生意自然做不好。后来，老奶奶遇到一位智者，告诉她："您不如换个想法。下雨时想：'太好了！小儿子的伞可以卖出去了！'出太阳时就想：'太好了！大儿子的盐可以卖出去了！'"老奶奶真的照智者的话去做了。果然，她的心情变了：不论天气怎样，她都很高兴。两个儿子在她的影响下，生意也红火了起来。

情绪 ABC 理论

　　若希望孩子有一颗乐观坚毅的心，就要让他学会用一种既符合事实又积极有益的方式看待问题。而作为父母，就要学会主动发现自己和孩子在生活中的消极思维模式并改变它们。

识别和改写"3P 型"思维

　　想要识别和转变消极的思维模式，首先得知道它们的特征，以便我们可以第一时间捕捉到它们。知名心理学家马丁·塞利格曼提出了消极思维的三个特点，分别是持久性（permanence）、普遍性（pervasiveness）和个人化（personalization），简称"3P 型"思维。下面这张表详细地解释了消极思维的三个特点。

消极思维的三个特点

特点	含义	举例（父母）	举例（孩子）
持久性	觉得一切都不会改变，情况不会变得更好，明天依然会和今天一样	父母："你再这样下去，这辈子就完了！"	孩子："这种数学题太难了，我永远都学不会！"
普遍性	会将特定的某一件事扩大为"总是""所有"，就好像一件事情没做好，一切都毁了	父母："这点小事都做不好，你能有什么出息！"	孩子："没有人喜欢我！"
个人化	当不好的事情发生时，会把矛头过多地指向自己，怪罪自己，并且因此感到愧疚和羞耻	父母："别人怎么没遇到这种事？肯定是你自己的问题！"	孩子："那些同学在说悄悄话，还向我这里看，肯定是在说我的坏话。"

当你或孩子有消极的情绪产生时，就可以对照这三个特点，捕捉到背后的消极思维，再对消极思维进行"改写"。"改写"的方法也很简单，就是把持久的改成暂时的，把普遍的改成特定的，把个人化的改成非个人化的。我们举几个例子来说明。

1. 持久与暂时

"这种数学题太难了，我永远都学不会！"（持久）

"这种数学题太难了，我暂时还没有掌握。"（暂时）

2. 普遍与特定

"没有人喜欢我！"（普遍）

"欢欢不喜欢我。"（特定）

3. 个人与非个人

"那些同学在说悄悄话，还向我这里看，肯定是在说我的

坏话。"（个人）

"那些同学在说悄悄话，还向我这里看，也许是我这边有什么吸引他们。"（非个人）

拥有乐观的思维模式并不是一蹴而就的，需要刻意练习。父母可以和孩子一起填下面这张表格，对生活中遇到的一些不好的事进行复盘，将它们作为日常乐观思维模式的训练材料。

乐观思维训练表

遭遇的事	我的情绪	我的想法	这个想法属于	改写想法
			□ 持久性 □ 普遍性 □ 个人化	
			□ 持久性 □ 普遍性 □ 个人化	

8.4　持续成长：三步上个小台阶，毛毛虫也能变蝴蝶

天蚕蛾的故事

春光明媚的一天，一位热爱大自然的好心人老张在公园里散步，他看到一只以美丽著称的天蚕蛾正在努力地从茧中挣脱。他轻轻地捡起这只茧并带回家，以便更近距离地观察整个过程。然而等了好几天，这只蛾似乎被卡住了，根本无法破茧而出。出于善意，老张小心翼翼地剪开茧的边缘，把小洞弄开，让蛾能够更快出来。但令人沮丧的是，蛾的翅膀并没有展

开，没过多久它就死去了。

老张帮助天蚕蛾破茧的故事，是不是就像我们平时教养孩子一样？**父母好的教养初衷和意愿，未必能够获得理想的结果。天蚕蛾需要通过挣扎来获得飞翔的力量，孩子也需要通过历事才能真正磨炼乐观坚毅的内心。**

挣扎的过程绝对谈不上愉快，甚至对于身处其中的孩子来说是痛苦的，他们会用哭、叫来表达自己的痛苦，很多父母会下意识地去拯救深陷痛苦当中的孩子。但父母的过度替代，会阻碍孩子历事，令其无法获得真正的成长；而完全冷眼旁观或期望过高过急，又会让孩子感到绝望。所以，最佳的支持方式就是为孩子搭台阶。

"上小台阶"法，帮助孩子持续进步

"上小台阶"法在本质上就是把大目标分解为小目标，让孩子感觉到虽然在每一个阶段都面临挑战，但通过努力可以完成、取得结果。在"极简教养"父母训练营里，我们将"上小台阶"法划分为三个步骤。

第一步：定目标

适用于"上小台阶"法的目标有三个要素，分别是能被积极描述、有合理的进步程度、有完成目标的周期。这几个要素缺一不可。

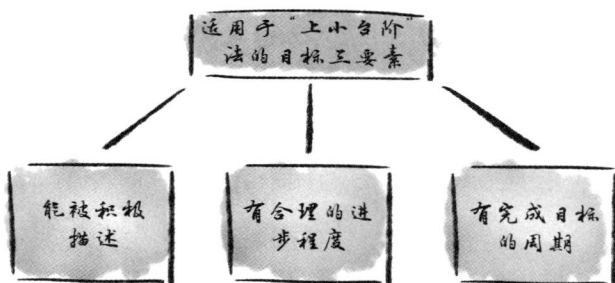

适用于"上小台阶"法的目标三要素

敏之妈妈咨询我，说一年级的儿子每天做作业时拖拉磨蹭，做得很慢，别人30~40分钟能完成的作业他每次都要写2个小时才能完成。怎么才能让孩子写作业时不要这么拖拖拉拉？

如果要改善敏之的这个问题，该如何定目标呢？

1. 积极描述。把"不要这么拖拖拉拉"改成"希望他可以……"，比如"我希望他可以在更短时间内完成作业。"

2. 确定合理的进步程度。更短的时间是多少？ 30分钟可以吗？评估一下，从2个小时到30分钟，跨度显然大了些。如果一上来就定一个很高的目标，孩子完不成，父母不满意，最后大家都灰心丧气。相反，如果树立一个比较容易实现的短期目标，孩子很快就会达到新的水平，这就会鼓励他继续进步。所以，可以考虑将时长设置为比之前的2个小时少用15分钟。

3. 确定完成目标的周期。孩子的年龄越小，给其设置完成目标的时长就要越短。学龄前的孩子很难想到明天的事。对这个年龄段的孩子来说，最容易定的是今天要做什么。对小学生，可以定最多一周的目标。等孩子到了初中阶段，可以尝试着去定需要花费几周才能实现的目标。到了高中，就可以把时长设置为几个月甚至一学期。

考虑了这几点后，就可以得到一个"小台阶"式的目标：从下周一到下周三，每天减少 15 分钟的写作业时间，即在 1 小时 45 分钟以内完成作业。

需要注意的是，父母在这一步最常见的误区是"层层加码"：原本只定了减少 15 分钟的目标，今天看作业少，就想让孩子再快一点，变成减少 30 分钟。这样做只会让孩子体验到目标无法达成的挫败感，与我们的目标背道而驰。

第二步：制订计划

制订计划最重要的就是要让孩子参与进来，父母只是辅助。计划不是孩子必须怎么做，而是一起讨论有哪些可能的办法有助于实现目标。假如要完成缩短 15 分钟作业时间的目标，孩子和父母都可以从自己的角度来进行头脑风暴，再去评估每一个方法是否可以做到，需要谁配合，需要什么资源，具体怎样做，可能会有什么问题，等等。最后由孩子决定优先要尝试的方法并将其作为计划去实施。

让孩子控制整个计划制订的过程是非常重要的。只有孩子参与得越多，并由孩子做出选择，他的执行度才会更高。

第三步：反思和调整

一旦确定了计划，接下来的几天就要关注孩子在执行计划中的进步。比如，以前孩子一写作业就去厕所，这两天发现他去厕所的次数减少了，那就给他一个积极的反馈。

这个阶段有两点要注意：一是每次只关注一件事，我们的目标是减少写作业的时间，你就不要盯着他上厕所有没有冲马桶、写字的笔画对不对等，一定要懂得抓大放小；二是即使订了计划也一定要做好失败的准备，真失败了也没有关系，再重复第二步和第三步，不断地去尝试，既不要归罪于孩子，也不要归罪于自己。

"上小台阶"法是一个进行时，不是完成时，**其核心不是一次就能做到最好，而是走出最重要的第一步，然后持续改进。**

毛毛虫变蝴蝶

"上小台阶"法更适合具备一定思考和自我管理能力的中小学生。如果孩子还在幼儿园或者更小的年龄段，推荐给大家一个可视化的小工具——毛毛虫变蝴蝶。当一件事或者一种能力在还处于做不好或掌握不好的阶段，就可称之为"毛毛虫"。通过持续地练习，孩子每天进步一点，最终达成了阶段性的目标，这时可称之为"蝴蝶"。

父母可以带着孩子制作一张毛毛虫变蝴蝶的海报。毛毛虫的身体由一个个圆圈组成，我们可以用圆形的便利贴来制作。

上幼儿园大班的悠悠正在学习拍球，幼儿园的要求是连续拍到30个。可悠悠现在只能连续拍三五个。悠悠妈妈就和悠悠一起做了一张毛毛虫变蝴蝶的海报。一条长长的毛毛虫，由圆形便利贴组成，不同的便利贴上写着不同的数字，从尾巴到头部，依次贴着5、10、15、20、25，而"30"贴在美丽蝴蝶的身上。悠悠还给海报和毛毛虫涂色，做了好多装饰。悠悠妈妈每天带着悠悠拍球，每上一个小台阶，就撕掉对应的便利贴，直到看见毛毛虫完全蜕变为蝴蝶。

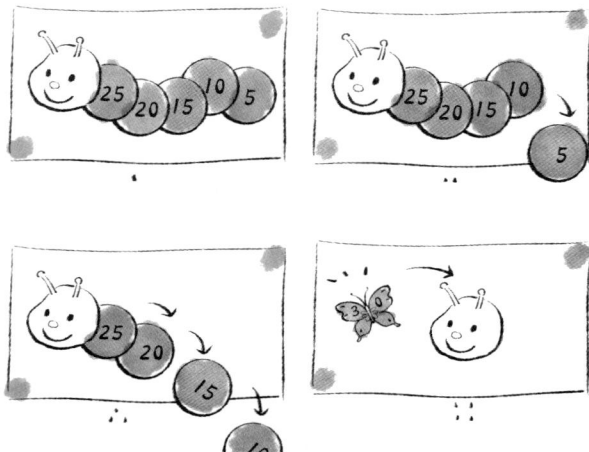

毛毛虫变蝴蝶

这个小工具可以让孩子看到，通过努力，自己每天都在上小台阶，从而获得巨大的满足感。

魔法语句：我们试试

记得曾经看过一则泰国的公益广告。一对母女生活在贫民区，以妈妈卖菜为生。有一天，女儿发现市场里面卖豆芽的摊位生意特别好，因为仅此一家。于是，小女孩便萌生了种豆芽来卖的想法，妈妈听后很支持。

小女孩问妈妈："我们能成功吗？"妈妈说："**我们试试**。"于是两人立刻开始行动。第一次，由于不知道豆芽不能在阳光下暴晒，豆芽刚刚发芽就被晒死了。

两人汲取经验，开始了第二次尝试，小女孩又问妈妈："我们能成功吗？"妈妈说："**我们试试**。"可这次，由于浇水量不够，种豆芽的计划又失败了。

一天晚上下雨，两人从漏雨的屋顶得到灵感，捡了好多废旧矿泉水瓶，戳上小洞，制成了一个简易的自动灌溉系统，开始了第三次尝试。小女孩再次问妈妈："这次我们能成功吗？"妈妈依然说："**我们试试**。"这一次，终于成功了。

广告的最后，长大成为博士的小女孩说："'我们试试'这句话，就像神奇的养料，滋养了我的好奇心和不断向前的勇气。"

我们试试

我想把这句有魔法的话送给所有父母，希望你们在陪伴孩子历事的路上，把"我们试试"变成一句口头禅，用它来替代说教和指责，用它来为孩子乐观坚毅的心注入源源不断的能量！

8.5 你要"炼"哪颗心：教养定向四问

价值观即教养观。父母教养孩子不能随波逐流，必须不断思考要把孩子教养成什么样的人，让孩子拥有什么样的德行、品格。只有对这个问题有了清晰的答案，父母在教养孩子时才能有明确的行动方向，上述"事上磨"的方法才能真正发挥作用。

"做不做家务"引发的思考

在"极简教养"父母训练营里，我问过家长这样的问题：**你认为孩子要不要做家务呢？理由是什么？**

第一个问题的答案很一致——95%的家长都认为孩子要做家务，但是关于第二个问题，100个家长就有100个理由：

有家长说这是一个基本的生存技能，孩子以后要独立生活，就得学会做这些事；

有家长说做家务劳动可以锻炼孩子的耐心；

有家长说做家务可以锻炼孩子的细心——要仔细观察哪里没有扫干净，哪里还有灰尘没有抹干净……这样才能把事情做好；

有家长说劳动的时候得动脑筋，可以让孩子更聪明；

还有家长说他们家的家务都是用来作为惩罚措施的，如果孩子不好好学习或考试没考好，就得干家务……

同样是认为孩子要做家务，可想法却如此不同，自然也会带来不一样的结果。做不做家务只是表象，父母教养孩子的目标和价值观才是重要的。

我们继续顺着家长们的回答往下思考：如果家长觉得做家务是重要的生存技能，那做事的时候他们肯定更关心孩子某个家务学会了没有，干得好不好；如果家长想通过家务锻炼孩子的耐心，那关注的重点可能就是孩子做事情的持续性；如果是想通过家务训练孩子细心的家长，多半就会更关注小细节；而把做家务作为惩罚手段的家长，多半要专门安排些苦活累活给孩子了。

这也解释了许多家长在教养中经常有的一个疑惑："同样的方法，为什么别人做了有效，我做了就无效呢？"因为背后的"心"不一样。

家长一定要对自己的教养观、教养孩子的"心"有所觉察和反省，不能随波逐流，在无数让人眼花缭乱的育儿法中迷失，否则你在教养上可能越行动、越努力，反而越乱套。

父母炼心定向作业单

大家可以通过父母炼心定向作业单来梳理自己的教养观，厘清教养方向。

父母炼心定向作业单

请填空完成以下句子：

1. 我希望我的孩子将来能成为＿＿＿＿＿＿＿＿＿＿

＿＿＿＿＿＿＿＿＿＿＿＿＿＿＿＿的人。

2. 当我的孩子像我这般年纪时，我希望他能对我

说："谢谢你给了我＿＿＿＿＿＿＿＿＿＿＿＿，

教育我＿＿＿＿＿＿＿＿＿＿＿＿＿＿＿＿。"

3. 我最希望孩子拥有的德行品格是（写出你认为最

重要的3个）：

（1）＿＿＿＿＿＿　　（2）＿＿＿＿＿＿　　（3）＿＿＿＿＿＿

4. 在过去的1个月里，我实际的教养行为中能匹配

上述期望的有：

＿＿＿＿＿＿＿＿＿＿＿＿＿＿＿＿＿＿＿＿＿＿＿＿＿＿

＿＿＿＿＿＿＿＿＿＿＿＿＿＿＿＿＿＿＿＿＿＿＿＿＿＿

不能匹配的行为有：

＿＿＿＿＿＿＿＿＿＿＿＿＿＿＿＿＿＿＿＿＿＿＿＿＿＿

＿＿＿＿＿＿＿＿＿＿＿＿＿＿＿＿＿＿＿＿＿＿＿＿＿＿

我强烈建议你认真填写这张作业单并标注上日期，甚至可以一个季度或半年左右后重新填写一次，那时你就会找到真正重要的教养之心。

8.6 知行合一：学会做与"心"匹配的教养规划

即使父母已经明确了教养孩子的方向和目标，也并不代表一定会有好的教养结果。毕竟，孩子并不是直接从父母的头脑中"下载"这些方向和目标，而是在每一天与父母的教养互动中才能逐渐拼凑出父母内心的图景。父母想要炼的那颗心，不能只靠嘴上说说，还需要有知行合一的教养规划和每日践行。

曾国藩对子弟的教养规划和实践

曾国藩是晚清中兴四大名臣之一，在修身立德上有着独到的见解。他在教子与治家上的理念和实践，影响了曾氏家族的几代人，让曾氏一门人才辈出，这对现在父母教养孩子也有着重要的借鉴意义。

曾国藩在临终之际曾留下遗嘱："今将永别，特将四条教汝兄弟。一曰慎独则心安……二曰主敬则身强……三曰求仁则人悦……四曰习劳则神钦……此四条为余数十年人世之得，汝兄弟记之行之，并传之于子子孙孙，则余曾家可长盛不衰，代有人才。"

"慎独"是指在独处时，自己的行为也要谨慎不苟，做到不自欺；"主敬"是指对人对事恭敬谨慎，不怨天尤人，注重精神上的自我约束和自我追求；"求仁"即讲究仁爱，关爱他人，成就他人；"习劳"则是指学习、工作都要勤奋。

"慎独""主敬""求仁""习劳"就是曾国藩教养子弟们

要炼的四颗"心"，也就是他的价值观。那么，他又是如何在日常的教养中让子弟们去体验、实践这些价值观的呢？他曾在写给弟弟的一封家书中，非常具体地布置了子弟们的每日功课，我们可以从中得见一斑。

曾国藩家书：节录自道光二十二年十二月二十日致诸弟书

原文	释义
主敬（整齐严肃，无时不惧。无事时心在腔子里，应事时专一不杂）	**恭敬谨慎**：衣冠、外貌保持整齐，心思、神情端正、严肃。平时闲居无事时，要宁静安泰，不要想身体以外的事情。一旦投入做事，就必须做到专心致志，不存杂念
静坐（每日不拘何时，静坐一会，体验静极生阳来复之仁心，正位凝命，如鼎之镇）	**静坐**：每天不限任何时间，必须静坐一会儿，体验圣人所教诲的仁心，使思虑不出本位，以使精神凝结，就像宝鼎一样镇定而不可动摇
早起（黎明即起，醒后勿沾恋）	**起床要早**：天色刚亮就赶紧起身，醒了以后就不要再留恋安逸
读书不二（一书未点完，断不看他书；东翻西阅，都是徇外为人）	**读书要专一**：一本书还没有读完，就不要去看其他书。东翻西阅地随意读书，容易变成只是求索心外之理的人
读史（二十三史每日读十页，虽有事不间断）	**读史书**：每天都读十页二十三史，即使有事也不间断
写日记（须端楷，凡日间过恶，身过、心过、口过，皆记出，终身不间断）	**写日记**：需要用端正的小楷。凡是白天做过的错事、动过的坏念头、说错的话都要记上，终身不间断
日知其所亡（每日记《茶余偶谈》一则，分德行门、学问门、经济门、艺术门）	**每天都要学习新知识**：每天都要写一篇《茶余偶谈》，分为德行、学问、经济、艺术等门类
月无忘所能（每月作诗文数首，以验积理之多寡、养气之盛否）	**每月都要复习已经学过的知识和技能**：每个月必须作诗歌或短文数首（篇），用来检验所学理论是多还是少，所培养的"真气"是否充盛
谨言（刻刻留心）	**说话谨慎**：对此要时时刻刻细心留意
养气（无不可对人言之事，气藏丹田）	**培养自己的"真气"**：任何所作所想都能够说得出口，只有这样才能将"真气"存蓄于丹田之中
保身（谨遵大人手谕，节欲、节劳、节饮食）	**保持身体健康**：遵循家父手谕，节制欲望，节制操劳，节制饮食
作字（早饭后作字。凡笔墨应酬，当作自己功课）	**习练书法**：早饭后必须练习书法。而且所有文字方面的应酬，都可以作为练习书法的机会
夜不出门（旷功疲神，切戒切戒）	**夜晚不出家门**：出门应酬玩乐，会使人荒废修养功夫，会使精气耗损、神情疲惫。所以，这种不良习气必须彻底戒除

曾国藩给子弟们的每日安排建议涵盖生活起居、学习工作、待人接物的方方面面，但又都强调做这些事时必须围绕着修炼那四颗心进行，这便是我们强调的"历事炼心"。

时代进步到今天，作为父母，要学习和汲取的智慧并不是曾国藩教养子弟们的价值观和这些日常安排本身，而是知行合一的教养方式。下面，介绍一个"历事炼心"的好工具，你和孩子可以一起用起来。

"历事炼心"能量罐

我们要炼的"心"与想要传递的价值观都是非常抽象的，对于孩子来说很难理解，也很难与日常生活结合。而"历事炼心"能量罐这个小工具，就是把我们的行为与价值观的关系进行可视化的好帮手。具体怎么用呢？

第一步，明确想要跟孩子一起炼的那颗"心"是什么。可以是阶段性的，比如"专注""耐心""稳定"等；也可以是类似曾国藩提出的那四种一直需要修炼的品德。然后把它们写在一张纸条上，不要贪多，一个阶段设置的炼心目标最好不要超过两个。

第二步，找一个透明的大玻璃罐，将上一步中写的纸条贴在罐子上。

第三步，准备一些用来折小星星的纸条。每天和孩子一起回顾在当天做的哪些事情中有意识地炼了心，把具体事情写在纸条上，写好后折成小星星，存入玻璃罐中。

"历事炼心"能量罐

　　日积月累，聚沙成塔，一件件小事化作小星星积累起来，慢慢夯实孩子的心力。总有一天，你们炼的那颗"心"会散发出璀璨光芒。

第九章

明理：开启孩子真正的智慧之门

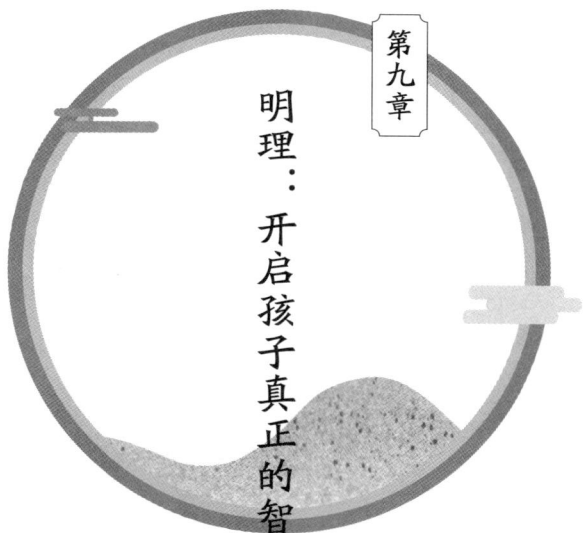

仁者如射，射者正己而后发。发而不中，不怨胜己者，反求诸己而已矣。

——《孟子》

【译文】

　　行仁德的人就好像比赛射箭一样，射箭的人要先端正自己的姿势，然后放箭。如果没有射中，不是埋怨别人胜过自己，而是要反过来在自己身上找原因。

9.1 让人心累的"犟"小孩

"人生，是你所有选择的总和。"法国作家阿尔贝·加缪如此写道。你的孩子未来会长成什么样的人，走什么样的路，过什么样的人生，取决于你和孩子做的每一次选择。如何做选择是最高级的智慧，尤其是在当下，真假难辨、爆炸般涌现的信息，让现实中的我们常常因为不理智而做出错误的选择。

"偏执相"面面观

《论语·子罕篇》谈到了人常有的四种不理智的心态，孔子认为它们是应坚决被杜绝的，即"子绝四：毋意、毋必、毋固、毋我"。其中"意"代表主观臆断，"必"代表必须、应该，"固"代表固执己见，"我"代表着以自我为中心。在"极简教养"体系中，我们把这四种心态体现在孩子身上的表现统称为"偏执相"。

主观臆断。这是现在在网上天天都能见到的一种心态：一件事情发生以后，许多人不关心真相，只根据自己的立场和情绪下结论。

必须、应该。认为事情必须如自己所期待的那样发展。不少家长都遇过一个烦恼：如果一件事情不符合孩子的期待或者没有达到预期，孩子就闹得不可开交，最典型的行为就是俗话说的"输不起"。

固执己见。常常认死理，抱着自己的固有认知，不能开放地

"听"和"学"，在行动上非要按自己的意愿来办，与他沟通起来非常累心，身边的人也对他敬而远之。

以自我为中心。一些孩子非常执着于"我的"，如我的东西、我的意见、我的情绪、我的面子、我的能力、我的好处等，眼里丝毫看不见别人。

总之，"偏执型"的孩子听不进别人的话，认定自己就是对的，如果事情不能按自己的想法发展，就很容易情绪激动甚至崩溃；对新事物缺少好奇心，缺乏探寻解决方案的动机，还常常对许多人和事表现出不屑一顾。他们往往不能开放地学习，不愿从不同的角度看待事情，也不愿深入思考问题……那么，这些"偏执相"是从何而来的？

"偏执"并非天生

很多来咨询的家长会这样介绍他们的孩子："老师，我的孩子性格特别偏执，特别犟……"似乎一提到性格，我们下意识会认为是天生的。的确，一些关于婴幼儿气质类型的研究发现，有些孩子的坚持性会明显强于他人，也就是说他们可能更容易执着于某些事物。但在这么多年的教学中，我们的结论是，孩子之所以表现出"偏执相"，主要还是因为受到家庭教养的影响。

首先，从孩子的身心发展规律来说，2 岁左右的孩子开始进入以自我为中心的阶段。他们考虑一切事情都是从自己的角度出发，认为自己就是世界的中心，这个世界是按照"我"的规则运转的。这是孩子第一次自我意识的觉醒，通过强调"我"，并在现实中探索和确认自己与他人、世界的关系。

在这个阶段，过度强势的父母和过度溺爱的父母，都有可能会让孩子停留在以自我为中心的心理阶段而无法成长：过度强势的父母只关注自己的情绪和对错；过度溺爱的父母只关注孩子的情绪，无止境地满足他的需求。总之，两类父母都忽略了事实，放大了孩子的情绪，让孩子很容易陷入偏执的境地。这种影响甚至会持续到他的成人阶段。

其次，现代社会在孩子应该学习合作的时候，却过度强调竞争，只争对错。对于竞争的过度强调，让父母和孩子都更关注输赢，再加上单一的评价体系，我们便习惯于在面对任何问题的时候，都倾向于寻求唯一解，这种思维方式本身就已经是一种偏执了。

最后，虚假的自信也会让孩子变得偏执。虚假的自信其实是过度强调竞争的"副产品"。对竞争结果的期待会让父母对孩子的爱变成有条件的爱：如果孩子的表现符合预期，父母就给予表扬、奖励、夸耀。尽管他们的本意是用积极的方式提升孩子的自信，结果却会让孩子变得自卑或自负。孩子无法接受被质疑或者失败，因为这意味着自己不够好，可能失去父母的爱。我见过很多孩子，会用"辩论"等方式强调自己的"厉害"，掩盖内心的不足，捍卫自己的"正确"，慢慢形成了偏执的态度与习惯。

柏拉图说："人生最遗憾的莫过于轻易地放弃了不该放弃的，固执地坚持了不该坚持的。"**太偏执并不是一种坚持原则的美德，而是一种缺乏智慧的表现。**

9.2 用"明理"之匙，开智慧之门

要积累知识，更要提升"智识"

《中庸》中说："知、仁、勇三者，天下之达德也。"为什么它们被叫作"达德"呢？因为儒家认为智慧、仁爱、勇敢是普天之下所有人都应该具备的基本品德。在中国传统文化中，智慧不仅仅代表着智力水平，而且还是一种重要的品德。真正的智慧包含三种"智识"，即"见闻智""思维智"和"德性智"。

顾名思义，"见闻智"就是知识，是通过读书或接触社会而获得的。现在的孩子最容易获得这种"见闻智"，很多父母也就直接把孩子了解知识的多少等同于是否"聪明"甚至"智慧"。这其实是一个很大的误区，特别是进入 AI 时代后，"见闻智"的分量会变轻。所以，只有"见闻智"还远远不是智慧。

什么是"思维智"呢？荀子认为"智"的特征是"知通统类"，即通晓各类事物的基本法则，掌握各种知识的纲领性原则。查理·芒格被股神巴菲特推崇为全世界最聪明的人，他信奉"一个人如果掌握 100 个思维模型，就可以比别人更聪明"。思维模型就是各类事物的基本法则，掌握顶级的思维模型就是"思维智"。

"思维智"再进一层，就是"德性智"。孟子认为"智"就是辨别是非，反求诸己。一个人如果能辨别和判断哪些是仁、义、礼，能在得不到、不如意的时候从自己身上找原因，他就拥有了"德性智"。

有智慧的人就是同时具备了这三种智慧。孔子总结说："知者不惑。"智慧的人有足够多的常识，能够知己知人，对是非、善恶、利害能分析判断并处置得宜，不为复杂的事物所迷惑。

要真正开启孩子的智慧，不仅仅要有"见闻智"，更关键的是通过"明理"来提升孩子的两种"智识"——"思维智"和"德性智"。

"明理"，为孩子配备"探照灯"和"鉴定仪"

什么是明理？

《说文解字》中说："明，照也。""明"的本义为日月交辉而大放光明，后延伸出照亮、点燃、公开等含义。《说文解字》中说："理，治玉也。""理"的本义是指加工、雕琢玉石，引申为治理、办理，又引申为经过治理，使原本乱糟糟的事物整齐。

于父母而言，秉持着明理的态度就意味着既要顺规律去教养，同时还要去照亮和点燃孩子的智慧，提升孩子的两种"智识"。"思维智"就像"探照灯"，可磨炼"粗浮"的脑筋，使大脑有化繁为简的能力，可以做细密精确的思考，并用思维模型高效解决问题。"德性智"如同"鉴定仪"，可滋养"浑浊"的脑筋，进行断清事理的思考，让孩子在面对众多诱惑时可以锚定自己的价值观，避开情绪的干扰，理性地进行判断和决策。

一个孩子如果经历了以上两种"智识"的充分训练，就能告别种种"偏执相"，开始具备理智：

葆有好奇心和探索精神，能够持续开放地学习，知识面广博；

爱思考，能够提出各种有创造性的解决方案并勇于尝试，不畏惧失败，每日都在成长和精进；

自信又谦虚，愿意表达亦能够听到别人的声音，成为受人欢迎的合作者和共赢者。

如果你也想让孩子具备这些特征，那就跟随下面的方法一起练习吧。

9.3 明理的基石：减情绪，加思考

既然"知者不惑"，我们如果知道了"惑"从哪儿来，不就可以尽量避免了吗？孔子的弟子樊迟曾经在跟随老师游历时提问过什么是"惑"，孔子答："一朝之忿，忘其身，以及其亲，非惑与？"孔子认为"惑"不是智力的事，而是情绪的事：冷静的时候，什么都明白；情绪一上来，一时愤恨，不顾别人，不顾自己。这就是"惑"。

在训练营里就有好多家长都跟我感慨过：

"我状态好的时候，跟孩子沟通不是问题，但情绪一上来就什么都顾不上了！"

"我们家孩子一旦闹情绪，明知道是错的也非要去做，甚至故意挑那些不好的事情来做，来激怒家长或老师。"

"孩子情绪一上来，（学习）会的也都不会了。"

要开启孩子的智慧之门，首先要学好管理情绪这门课。

聪明地对情绪说"暂停"

"冲动是魔鬼"这句话充分说明了在不良情绪状态下做判断和决策的破坏性。毫无疑问，情绪管理的第一步，就是让情绪"暂停"。从现代神经科学的角度来看，当我们体内产生一种强烈的情绪冲动时，大脑中负责情绪反应和理性思考的部分就会被"切断"。此时，我们的所有行为都只基于"情绪"而非理性思考，这种情况被称作"情绪绑架"。

从生理层面来说，情绪的本质是一种叫作神经递质的化学物质。研究表明，这些化学物质在体内，从产生到传递到大脑再到被完全分解，整个过程也就持续 4 到 7 秒的时间。理论上说，这几秒钟的时间过去后，大脑负责情绪和思考的部分就可以恢复正常工作了。但我们在实际生活中体验到的情绪远比这个时间长，原因就在于我们会反复回忆甚至续写情绪事件，这实际上是对情绪的助长。

正常情况下的大脑与被情绪绑架的大脑

那有办法跳出情绪绑架的陷阱吗？当然有，你和孩子都可以试试 **10 秒暂停法**。当一个刺激情绪的事件发生时，试着主动使用大脑内负责分析的部分——大脑皮层，它负责数学、语言、复杂的视觉和听觉处理等工作和其他"高阶"思考。想要获得有效的暂停，你需要通过思考，让大脑皮层努力完成以上的任务，并且持续 10 秒钟，等情绪平稳，恢复理性。

你和孩子可以找到很多适合自己的 10 秒钟**"暂停按钮"**，比如：

深呼吸 10 次；

用一种正在学习的外语从 1 数到 10；

想出最近最爱的 10 种食物；

说出 10 个你最爱的明星 / 卡通人物的名字；

说出今年最想去的 10 个地方；

…………

平时就准备好这些内容，如果原来的"按钮"失效了，可以再换一个新的。当情绪暂停下来，思考重新上线，头脑恢复清晰，不管是你还是孩子，都能作出更好的判断和决策。

情绪疏导四步法

情绪管理是一系列复杂的心理活动，孩子不是天生就会管理情绪的，他需要从父母那里去学习。**情绪疏导四步法**，其实就是父母给孩子示范有情绪来临时该如何应对。久而久之，孩子也可以学会自己管理情绪。

第一步：觉察和识别情绪。这要求父母能敏锐地感受到孩子的情绪。小孩子的情绪会更外显地展示出来，而随着年龄的增长，他的情绪就会变得隐秘，这时父母就要从孩子的语言、行为变化中去捕捉信号。

第二步：理解和确认情绪。理解和确认孩子的情绪是情绪疏导四步法中最关键的一个步骤。在这一步，父母需要用同理心与倾听的技巧来帮助孩子。要做好倾听，父母至少要学会做一件事——停。

"停"体现在三个层面：

1.行动上，停下正在做的事，放下手机，和孩子一起坐下来；用眼睛注视着孩子；如果他表现得十分激动，先给他一些抚慰。

2.语言上，停止问问题，停止不断地安慰、劝服，只简单地说"别着急，慢慢说"或者"没关系"即可。

3.心理上，提醒自己仔细听孩子说话，不评判，少打断，不联想起以前的事，只关注现在。

第三步：命名和表达情绪。这一步就是用精确的情绪词把情绪给表达出来，这样情绪的"温度"就能很快降低，使大脑从情绪控制中摆脱出来。

第四步：解决问题。当孩子开始冷静下来，我们就可以一起想办法解决问题。当然，很多时候，情绪平复之后，可能这一步也用不上了。

期末考试前几天，孩子回家一直问你："妈妈，明天的考试会不会很难啊？"

你肯定不能直接回答"不难"或者"我怎么知道"。这时，可以用上觉察和识别情绪的方法。由此，我们就可以进入第二步，用倾听的技巧，试着理解和确认孩子的情绪，给他多一些空间和时间去表达自己的想法。当孩子清楚地表达出想法或者在你的协助下表达出想法后，你可能会观察到一些孩子恢复平静的信号，比如身体放松下来、声音平和有力、开始主动跟你讨论等。这时，你们就可以进入第四步——解决问题了。

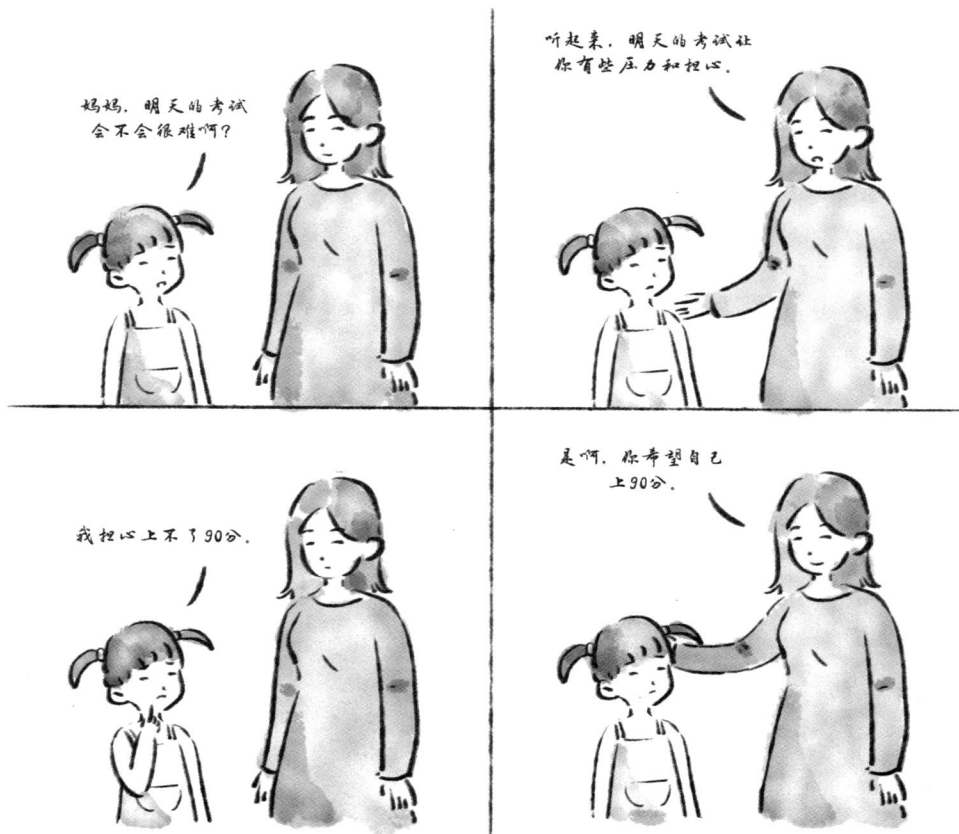

让孩子表达情绪

情绪疏导四步法的运用难点在于，当孩子出现情绪时，大部分父母都会急于跳过前三步，试图直接去解决问题。但是很多时候，忽略情绪反而会让孩子的情绪升级，还会失去让他学习情绪管理的机会。

《中庸》中说："喜怒哀乐之未发，谓之中；发而皆中节，谓之和。"喜怒哀乐是人的真性情，但要恰当。孔子对《关雎》这首诗的评价是"乐而不淫，哀而不伤"，即有欢乐，但不流于放荡；有悲哀，但不陷于损伤。这就是儒家的情绪管理思想。

9.4 明理的起点：学会提问，锻炼思维能力

答案就在问题的背面

你是否见过这样的孩子：他们有很多"知识"，认为自己知道的就是绝对正确的，不容别人质疑。孟子说："尽信书，则不如无书。"所以，孩子要明理，就需要学会提出具体而本质的问题，这样才能高质量地思考，以此增强思维能力。

孔子每天都在回答各种各样的问题，不管别人问他什么，他都能给对方启示，所以大家都赞叹："老师太博学了，真是无所不知啊！"但是孔子是如何看待和回应这件事的呢？

子曰："吾有知乎哉？无知也。有鄙夫问于我，空空如也。我叩其两端而竭焉。"

孔子谦虚地说自己并没有很多知识。如果来的人问的问题我一无所知，我就从他提出的问题的本末两端反过来问他，一直追问到把问题搞清楚，提问的人心里自然就有答案。

明理，并不是将在书里看到的和听别人说的道理尽可能多地记下来就可以，必须经过自己的思考。而提问题的质量就直接反映了思考的质量。有好问题才有好答案，在 AI 时代，会提问是在纷繁复杂的信息中辨别是非、真假、善恶的前提条件，甚至可以说提问的能力就代表了孩子的思维能力。父母一定要关注在追求标准答案的大环境下，有意识地去增强孩子的提问能力。

孩子也能学会的四种好问题

2~6 岁的孩子处在"十万个为什么"的阶段，大多数家长都知道能问问题是好事，但孩子爱提问真的代表他们在思考吗？

很遗憾，并不是。"为什么"对于孩子来说，有时候可能只是句口头禅，他们实际上并没有想太多。让孩子随着思考能力的增强提出更有质量的问题，是需要父母去慢慢引导的。大家可以带着孩子从最基础的四种好问题开始练习。

第一种问题："为什么？""怎么样？"

"为什么""怎么样"式的问题，即提问最基本的要素"4W"——what（是什么）、who（是谁）、when（什么时候）、where（在哪）。这类问题，都可以通过问人、看书、查资料等各种途径快速得出答案。

"为什么棕熊和北极熊的颜色不一样？"

"为什么雨、冰、雾都是水，看起来却完全不一样？"

"青蛙是怎么生宝宝的？"

这种问题看似简单，但父母的回应却直接决定了孩子是否能继续更好地学习并进行更深层次的提问。在回应这些问题时，父母要尽量做到以下两点：

第一，不否定和评判孩子的提问。尽管许多问题在你看来傻里傻气，甚至毫无意义，但如果你经常用"你怎么这么烦""你哪来这么多问题""你能不能问点有用的"来回应，一定会让孩子失去提问的欲望，之后任凭你用什么招数，也没法再让他提出好问题了。

第二，用问题来回应提问，就像孔子做的那样。孩子有时候的"为什么"就是随口一说，父母可以反问他一句"你觉得是为什么呢？""你认为呢？""你猜一猜呢？"等，一问接一问地帮助他思考；也可以鼓励孩子用我们在第七章中介绍过的"百变老师卡"去寻找答案。

"为什么""怎么样"这类问题，虽然是处于入门级的提问，但可以引导孩子找出事物的内在规律和联系，锻炼其"聚合性思维"，即把不同的角度和线索聚合成一个答案。这是我们分析和解决问题的第一步。

第二种问题："如果……"

"如果"类的问题与第一类问题相反，锻炼的是发散性思维：通过假设，从一个点出发，开放式地去畅想答案。这是从"发现问题"过渡到"想办法解决问题"的关键一步。这种提问也很简单，把一些"为什么"式的问题，换成"如果……"即可。

"如果把棕熊的皮毛换成白色，会怎么样呢？"

"如果你可以拥有一种超能力，你希望是什么呢？"

这类问题的特点就是没有标准答案，可以释放孩子的创造力和想象力，让他在面对任何问题时更不容易执着于"一定""只能""应该"这类固定的答案。

第三种问题："你怎么想？"

明理的核心是判断力，"你怎么想？"类的问题就是增强判断性思维能力的入门级问题。这类问题还包括"你怎么看待这个事情？""你对这个问题有什么补充？"等。如果父母和孩子经常对自己和他人提出这样的问题，并且能够清晰地表达观点，就是在磨砺判断力，这是让自己变得更完善、更智慧的一种思维模式。

第四种问题："如果只能选一个呢？""如果要去掉一个呢？"

要明理、形成清晰的判断和决策，就要对事物的本质、对决策的优先顺序有深刻的了解。这类问题更适合小学高年级以上的孩子。

子贡问孔子治理国家的关键是什么，孔子回答：足食、足兵、对人民讲信义。

子贡追问：**如果遇到危机，这三条不能都做到，先放弃哪一条呢？**

孔子说：去掉兵。

子贡继续追问：**如果危机更大，剩下两条也不能都做到，再放弃哪一条呢？**

孔子说：去掉食。

我们在这里并不想讨论对话的内容，而是要让孩子学习子贡的提问方法，这种提问方法能够很好地问出事物的本质。所以，我们在训练营里也把第四种问题称为"子贡提问法"，这样就更容易理解和记住了。

父母如果平常在跟孩子聊天时经常用这样的提问方法，就能锻炼孩子思考事物本质和自我反思的能力，这种能力也是我们接下来要讨论的更进阶的智慧——"德性智"的前置能力。

9.5 明理的进阶：明辨是非，反求诸己

若你希望孩子明理，就需要建立起明辨是非、反求诸己的思维方式。这样的练习在孩子上小学后就可以开始了，具体该如何做呢？

打造坚实的"义之轮"

"子曰：'君子喻于义，小人喻于利。'"义和利并不是对立的，利是获得，义是价值观的选择和做事的态度、原则。君子做事，必先辨是非，这件事符合"我"心中的"义"就做，不符合就不做。有义有利，自然大方取之；对不义之财，则不取。把心中的"义"搞明白了，做人做事都心安，这是极高的智慧。

如果把人生比作一辆不断向前行驶的汽车，车轮就是最重要的支撑。车轮是否结实牢固，决定了这辆车能否跑得远、跑得顺、跑得稳。在"极简教养"父母训练营里，我们会建议父母和小学中高年级的孩子借助"义之轮"这个工具，来探索心中的"义"，确定自己为人处世的原则。

第一步：画出"义之轮"

先在一张白纸上，画出如下的图形。再把两个同心圆中间的区域平均分成八份，作为"义之轮"的轮辐。然后在轮辐上依次填写自己认为的生活中重要的八个方面。图中所示为标准版的八项内容，你也可以根据自己的实际情况进行修改。

父母标准版"义之轮"　　　　青少年标准版"义之轮"

第二步：确定你的原则

把你或孩子选择的原则填进"义之轮"的中心。每个人不可能只遵循一个原则生活，所以，你们可以画多个"义之轮"，每一个轮的中心只填写一个原则。

自我实现 职业 财务 健康 休闲娱乐 家庭 重要的人 个人成长 感恩

自我实现 职业 财务 健康 休闲娱乐 家庭 重要的人 个人成长 诚信

自我实现 职业 财务 健康 休闲娱乐 家庭 重要的人 个人成长 公平

榜样 学习 零花钱/物质 健康 兴趣/娱乐 父母 朋友/同学 我的进步 友善

榜样 学习 零花钱/物质 健康 兴趣/娱乐 父母 朋友/同学 我的进步 诚实

榜样 学习 零花钱/物质 健康 兴趣/娱乐 父母 朋友/同学 我的进步 持敬

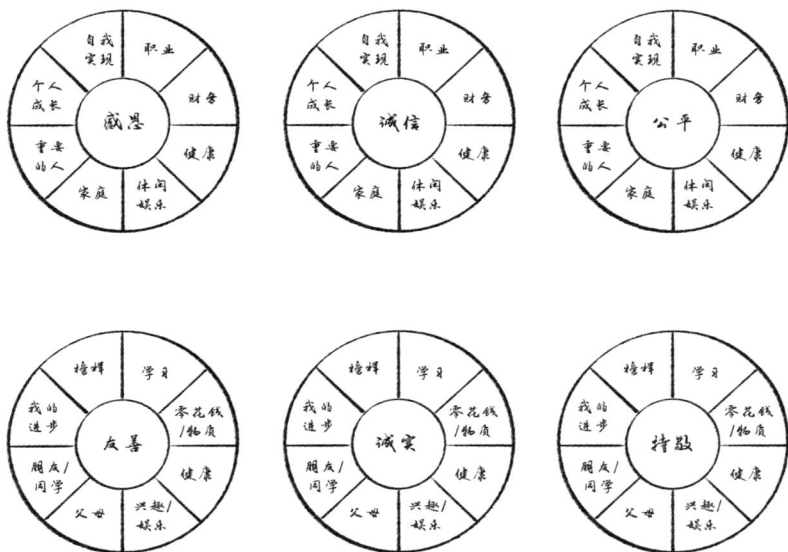

"义之轮"填写示例

第三步：探索"义之轮"对自己的影响

你选择的原则对轮辐中的八项内容有多大的影响呢？在这八项内容中，这个原则是如何起作用的呢？父母可以和孩子一起通过提问或者举例的方式来探讨，并且就该原则对每一项内容的影响力进行打分（从 1~10 分），并在轮辐中用不同的颜色标注出来。

比如，你选择的原则是"诚实"，就将"诚实"填入"义之轮"的中心。你可参考下列问题来探索该原则对自己的影响：

1. "诚实"是如何具体体现在我的学习、健康、兴趣 / 娱

乐、跟父母的关系中的？（示例）

2.“诚实”目前对我的学习、健康、兴趣／娱乐、跟父母的关系的影响力有几分？

3.如果要在处理这些方面的事情时更好体现“诚实”的原则，我还可以怎么做？具体行动或计划是什么？（选2~3项即可）

第四步：运用“义之轮”解决问题

在遇到困难或自我矛盾的时候是使用“义之轮”的最好时机。这时你只需要问自己一个问题：“现在是哪一个‘义之轮’中的原则在起作用？”这个问题很多时候能帮你穿过笼罩在事情表面的迷雾，找到解决问题的正确方向。

通过这四步，你就会明白心中的“义”，就不会为“利”所迷惑，也不会迷失方向，自然也能够明辨是非。

换个位置看自己

曾经在一部电影里看过这样一段话：**“在我们的一生中，我们相信很多自认为正确和真实的东西。有时候会有人不同意我们的观点，那些我们认为100%正确的，他们对它们的想法却完全相反。为什么会这样？他们难道看不见吗？我们可能会因此沮丧、愤怒，与他们的关系变得疏远。但请你慢下来，尝试站在别人的立场，感受所有的不同。”**

在生活和工作中遇到任何问题，无法站在别人的立场去思考，仅仅局限在自己的位置和立场，是偏执的根源。很多时候面对问题，需要不断地换位置才能看到全貌，进而理智地辨是非、做决定。如果你的问题是想换位置却换不动，可以试试**摄像机换位法**。

中国有句古话叫作"旁观者清"，**摄像机换位法**可以让自己跳出原本的角色，变成以旁观者的角度来看问题，这是我帮助父母复盘冲突时最喜欢用的方法之一。

请想象你在跟孩子发生冲突或者跟爱人争吵的时候，房间里正好有一台摄像机拍摄下了全过程。现在请你看着拍摄的视频，像讲解员一样来描述一下摄像机里的你是什么样子的。描述的时候，请用全名或者小名，不要用"我"这个代词来描述。你也可以通过回答下面这些问题来辅助描述：

你注意到 ×× 穿着什么衣服？

×× 脸上的表情、眼神是什么样子的？

×× 正在做什么？ ×× 的身体姿态是什么样子的？

×× 在房间的什么位置？

×× 说了什么？你注意到 ×× 的声音和语速了吗？

在 ×× 与 ××× 之间，你感受到了什么？

你注意到 ×× 的状态在什么时候发生了变化？

你觉得 ×× 怎么做可能更好？

×× 说了……之后，带来了什么结果？

很多家长跟我反馈，通过对细节的提问，自己的觉察力会极大地增强，也会更容易理解对方，这样就可以从执着于"他为什么会这样？"的陷阱中走出来，更多地关注自己做了什么，也看到自己需要改进的地方。如果你要带孩子做这个练习，最好借助玩偶或者画画等视觉化的手段，效果会更好。

当下，很多家长都认为教养孩子的压力、焦虑都来自外部和"竞争者"，但儒家强调反求诸己，即一切在于你自己，因为你控制不了外界和别人，即使把责任推到外界和别人身上，除了自欺欺人，没有任何积极的意义。

孔子曾经说自己"不怨天，不尤人，下学而上达"。不管遇到任何问题、任何境遇，不要总是抱怨外部环境和他人，而要反己自修，循序渐进，从最基础的日常言行着手，扎扎实实地用功，一层层达到高层次的觉悟。"反求诸己"简单而有效，它不仅可以帮助我们更好地理解自己和他人，还可以让我们更好地掌控自己的情绪和行为，更好地对自己负责。

总之，反求诸己是明理的精髓，也是需要父母带领孩子共同开启的最高明的智慧。在"极简教养"体系中，明理既是一个独立的正面态度，同时也统领全局，因为前面的七个正面态度都需要"明理"，只有真正明白了每一个正面态度的本质、重要性和自己的问题，你才会开始行动并持续下去，最终大有收获。让我们一起，跟随源于《论语》的育儿智慧——极简教养法，修炼内心，勇敢面对教养中的每一个挑战和困难，教养出仁智双彰的孩子！

附录：八个正面态度教养百字诀

感恩： 找好处，不怨人；念着恩，去回报。

尊序： 放低己，知先后；不顺己，顺其正。

持敬： 静下来，慢中乐；定得住，有觉察。

求诚： 斩虚荣，不掩饰；守原则，取信己。

舍得： 与宜多，取宜少；舍小得，得大得。

择善： 选圈子，善链接；亲榜样，拜明师。

历事： 竭力干，拿结果；事上磨，心上炼。

明理： 听意见，能反思；追学问，求道理。